基于职业素养的创新创业教育实践与思考

王欣欣　王海亮　朱丽叶　著

吉林出版集团股份有限公司
全国百佳图书出版单位

图书在版编目（CIP）数据

基于职业素养的创新创业教育实践与思考 / 王欣欣,
王海亮, 朱丽叶著. -- 长春 : 吉林出版集团股份有限公
司, 2023.5

ISBN 978-7-5731-3451-6

Ⅰ.①基… Ⅱ.①王… ②王… ③朱… Ⅲ.①大学生
—创业—研究 Ⅳ.①G647.38

中国国家版本馆CIP数据核字(2023)第106547号

基于职业素养的创新创业教育实践与思考

JIYU ZHIYE SUYANG DE CHUANXIN CHUANGYE JIAOYU SHIJIAN YU SIKAO

著　　者	王欣欣　王海亮　朱丽叶
出 版 人	吴　强
责任编辑	孙　璐　王　博
开　　本	787 mm × 1092 mm　1/16
印　　张	8.75
字　　数	155千字
版　　次	2023年5月第1版
印　　次	2023年8月第1次印刷

出　　版　吉林出版集团股份有限公司

发　　行　吉林音像出版社有限责任公司
（吉林省长春市南关区福祉大路5788号）

电　　话　0431-81629679

印　　刷　三河市嵩川印刷有限公司

ISBN 978-7-5731-3451-6　　　定　价　58.00元

前　言

在高等教育改革的新形势下，基于职业素养的创新创业教育已成为高校人才培养体系的重要组成部分，加强大学生创新创业能力的培养是高校人才培养的主要组成部分，促进高校学生人文素养、创新创业素养和职业素养养成，并融合发展是创新创业教育的必然趋势。全面开展切实有效的创新创业教育，使更多的大学生把自主创业作为实现人生价值的优先选择，进一步加强对大学生创新精神与实践能力的培养，以主动适应复杂多变的创业环境，越来越成为我国高等教育改革发展面临的重要任务。

本书分析了大学生创新创业教育的现状和存在的问题，从培养学生创新创业意识、提高教师自身创业教育素养、构建创新创业实践平台等方面，探讨基于互联网模式开展高校学生创新创业教育的方法。

本书作者学术水平有限，有不足之处请各位专家同仁多多批评指正。

作　者
2022 年 3 月

目　录

第一章　职业素养的基础概念

第一节　职业素养的概念与特征

一、素养的概念

素养是一个人在品德、知识、才能和体格等方面由先天的条件和后天的学习与锻炼所产生的综合结果。素养包含了思想政治素养、文化素养、业务素养、身心素养等内容。

作为一名大学生，要不断提升人文底蕴、科学精神、学习方法、健康生活、责任担当、实践创新等素养，从而具有适应终身发展和社会发展需要的必备品质和关键能力。

二、职业素养的概念

职业素养由"职业"和"素养"构成。职业素养是指职业人在一定的生理和心理条件基础上，通过教育培训、职业实践、自我修炼等途径形成和发展起来的，在职业活动中起决定性作用的、内在的、相对稳定的基本品质。职业素养也可以理解为职业的内在规范和要求，是职业人的品格、知识和能力在职业过程中的综合体现，包括职业道德、职业理想、职业能力、职业行为、职业作风和职业意识等方面。

由于职业是人生意义和价值的根本所在，职业生涯既是人生历程中的主体部分，又是最具价值的部分，因此，职业素养是素养的主体和核心，是职业人在职业过程中表现出来的综合品质。

三、职业素养的特征

（一）职业性

职业素养总是和职业联系在一起，不同职业的职业素养的具体要求与表现形式是不同的。比如广告策划和设计人员应当具备丰富的想象力、较强的创造性、宽广的知识面、良好的绘画能力、熟练的计算机应用能力、较强的语言表达能力和人际沟通能力等；销售人员和市场营销人员应当了解消费者心理，善于捕捉商机，诚实守信，灵活机智，具备公关能力、自我管理能力和人际沟通能力等；物流人员应当掌握现代物流的理论、技术、运营方式和业务模式，具备物流管理、规划、设计等实务运作能力、组织协调能力和异常事故处理能力等。当然，所有的职业人都应具备爱岗、敬业、务实、高效、守正、创新等基本的职业素养。

（二）稳定性

一个人的职业素养是在长期的教育培训和职业实践中日积月累形成的，具有相对稳定性，这种稳定性是职业人做好本职工作的基本条件和重要保证。比如一名会计经过几年的工作实践，具备了必要的专业知识和专业技能以及较强的数字反应能力和汇总能力，熟悉国家相关法律、法规、规章和会计制度，做到严谨细致，坚持原则，严守财经纪律，保守财经秘密，于是这种职业素养便具有相对稳定性。当然，受到工作环境和继续深造的影响，职业素养又是与时俱进和不断提升的。

（三）内在性

职业人在长期的职业活动中，通过自身学习、体验和认识，知道怎样做是正确的、怎样做是错误的。这种有意识地内化、积淀和升华的心理品质，就是职业素养的内在性。内在性是职业素养最重要、最本质的特征之一。

职业素养的内在性只有通过职业活动才能表现出来，缺乏职业活动这一外显行为，人的职业素养在日常活动中就很难表现出来。比如一名教师对教育事业的忠诚度，他所具有的广博知识、严谨的治学态度以及为人师表、诲人不倦、严于律己、甘为人梯的精神，只有在教育教学过程中才能充分体现出来，而在衣食住行等日常生活中则很难得到全面体现。

（四）整体性

职业素养包含职业人的知识、能力、品质和修养等方面，这是职业素养的整体性特征。如果某一方面有所欠缺，就会影响整体职业素养水平。

职业人只有具备较高的思想素养、道德素养、科技文化素养、专业技能且身心健康，才可能具备较强的创新学习能力、实践调研能力、解决问题能力、讨论沟通能力、团队协作能力和自我发展能力。一般说来，职业人能否在职场上取得成就，能否实实在在为社会作出贡献，在很大程度上取决于其整体职业素养水平。整体职业素养水平越高的职业人，职场制胜、事业成功的概率就越大。

（五）发展性

经济社会的发展和科学技术的进步，必然会引发社会职业和职业岗位的变化，并产生新的职业素养要求。职业人处在持续发展的社会之中，就必须不断地学习与实践，不断地提升自我，因此，职业素养具有发展性。

职业素养的发展性体现在职业人为了更好地适应社会发展和职场变化的需要，不断更新自己的职业素养内涵，逐步提高与完善自己的职业素养。职业人在职业发展过程中，通过不断提升个人的知识、能力和素养，使自己增值，由此建立自己的职业品牌。

职业素养是职业人在职业活动中起决定性作用的、内在的、相对稳定的基本品质，具有职业性、稳定性、内在性、整体性和发展性。职业素养包含职业人的知识、能力、品质和修养等方面，并通过职业活动表现出来，既相对稳定，又与时俱进。虽然职业素养的具体要求与表现形式因职业不同而异，但所有的职业人都应具备爱岗、敬业、务实、创新等基本的职业素养。

第二节　职业素养的构成

20 世纪 70 年代，美国著名心理学家戴维·麦克利兰提出了著名的冰山模型。他认为，一名员工的素质就像一座冰山，呈现在人们视野中的部分往往只有 1/8，也就是浮出水面的冰山一角，而在水面以下的 7/8 是看不到的。我们能见到的 1/8 是员工的知识、资质、技能和行为，是较易观察和测量的，称为显性素质；见不到的 7/8 则是员工的职业意识、职业道德和职业态度，是难以观察和测量的，称为隐性素质。如果企业中每名员工的显性素质和隐性素质都能得到足够的培养，不仅会对员工素质的提升产生巨大的推动作用，也会对企业的未来发展产生深远的影响，从而极大地增强企业的核心竞争力。

职业素养是职业人对社会职业了解与适应能力的一种综合体现，包括职业兴趣、职业能力、职业个性和职业情况等方面。

本章提出的职业素养主要包括身体素养、心理素养、思想政治素养、道德素养、科技文化素养、审美素养、专业素养、社会交往和适应素养、学习和创新素养。

一、身体素养

身体素养指的是体质和健康等方面的素养，即人体各器官的状态和水平。良好的身体素养是指拥有健康的体魄，如体格强健、动作协调、耐力好等。身体素养是整体职业素养发展的基础，规定了个体素养发展的潜在可能性。个体素养的形成以身体素养为基础，离开这个基础，其他素养也就失去了物质的载体。

二、心理素养

心理素养指的是感知、认知、记忆、想象、情感、意志、态度、个性特征（兴趣、能力、性格、习惯）等方面的素养，即个体心理品质的状态和水平。心理素养是一个人的遗传素养和人类在历史发展过程中所创造的文明成果相互作用及内化的结果，在个体素养中占有独特的地位，是与外部世界相互联系、相互作用的中介。

心理素养水平的高低可以从心理适应能力的强弱、认知潜能的大小、性格品质的优劣、内在动力的大小及指向等方面进行衡量。良好的心理素养是指拥有健全的心理，如健全的能力（包括观察力、记忆力、想象力等一般能力和从事某种专业活动所必需的特殊能力）、健康的情感、坚强的意志等。

职业人要以积极的心态面对人生、家人、朋友和同事，要以感恩的心面对生活中的每一天。当遇到困难时，要善于寻找突破口，在繁重的工作中开辟一条捷径。实际上，无论做什么工作，只要你能秉持良好的心态，全力以赴，它就一定会带给你真正想要的一切——幸福、快乐、成功与荣耀。

三、思想政治素养

思想政治素养指的是思想认识、思想觉悟、思想方法、政治立场、政治观点等方面的素养。思想政治素养是职业素养的灵魂，对其他素养起着统帅作用，规定了其他素养的性质和方向。

职业人的思想政治素养是其世界观、价值观在工作和生活中的反映。思想政治素养高的人，其工作动力不仅是为了生活和实现自身价值，更是因为责任、义务和理想信念。思想政治素养具体表现为以下六方面：（1）在大是大非面前立场坚定，在科学与谬误面前头脑清醒，在原则问题面前牢守底线，在对错问题面前是非分明；（2）工作思路、策略、措施具有科学性、计划性、前瞻性和可持续性；（3）成功靠真才实学以及艰苦奋斗的精神、光明磊落的作风、豁达的胸怀和高尚的人格魅力；（4）敢于承担责任，对上不推不靠、不等不要，对下勇于担当、提供支撑；（5）能站在大局的角度、工作的角度和利己的角度对待批评，认真反思，有则改之，无则加勉；（6）具有自控能力，谦虚谨慎，不说过头话，不做过头事，不受他人左右，不受环境干扰，牢牢把握人生沉浮与事业成败的关键。

四、道德素养

道德素养指的是道德认识、道德情感、道德意志、道德行为、道德修养、组织纪律等方面的素养。道德是一种社会意识形态，它是人们共同生活及其行为的准则与规范。道德以善恶为标准，并通过社会舆论、内心信念和传统习惯来评价人的行为，调整个人与个人之间以及个人与社会之间的相互关系。

职场用人应当体现以下原则：有德有才，破格重用；有德无才，培养使用；有才无德，限制录用；无德无才，坚决不用。职业人必须遵守职业道德规范，如爱岗敬业、诚实守信、廉洁自律、秉公办事、保护本单位合法利益等，将本职工作做到从完成到优秀，从优秀到卓越。

五、科技文化素养

科技文化素养指的是科学态度、科学知识与技能、科学方法与能力、科学行为与习惯、科学文化知识等方面的素养。科技文化素养决定了职业人的思维方式和行为方式，是个人综合实力的体现，是实现美好生活的前提，是实施创新创业的基础。职业人应该全面认识科技文化素养与职业生涯发展的关系，增强提高自身科技文化素养的自觉性，树立正确的世界观、人生观、价值观，努力实现个人的全面发展。

职业人应具有强烈的科学精神、求知欲望和创新意识。科学精神，如求实、求真、民主、开放、协作等，只有具备了科学精神，才能在职业活动中锲而不舍、勤于探索和不断进取；求知欲望，如不耻下问、质疑、批判等，只有具备了求知欲望，才能在职业活动中不断发现与解决问题；创新意识，如创新动机、创新兴趣、创新意志等，只有具备了创新意识，才能展现自我能力和实现自身价值，才能为社会多做贡献。

六、审美素养

审美素养指的是审美意识、审美情趣、审美能力等方面的素养。提高审美素养，可以让职业人增加职业兴趣，增添精神动力，体会到劳动创造之美，进而提高人文素养和道德素养。

审美素养为职业人的心理健康提供有力支撑，为职业人的生活质量积淀文化底蕴，为产业创新以及提高生产力开拓空间。职业人应该保持乐观积极的心态，将审美素养渗透到工作的每个环节中，让生产劳动成为一种改变世界、实现自我的艺术活动。

七、专业素养

专业素养指的是专业知识、专业技能、组织管理能力等方面的素养。专业知识是建立在一般科学文化的基础上，与其所从事的职业密切相关的知识。专业技能是在领会专业知识的基础上，经过反复训练而形成的技术能力。组织管理能力是指灵活地运用各种方法把各种力量合理地组织和有效地协调起来的能力，包括协调关系的能力和善于用人的能力等。

专业知识与专业技能是相辅相成的，专业技能的形成以专业知识的理解与内化为基础，而专业技能又是实际运用并不断获取专业知识的必要条件。职业人只有具备了扎实的专业知识和熟练的专业技能，才能有效地拓展生存空间和增强竞争实力。组织管理能力是职业人的知识、素养等基础条件的外在综合表现。现代社会是一个庞大的、错综复杂的系统，绝大多数工作都需要团队合作才能完成。所以，从某种角度来说，每个职业人都是组织管理者，承担着一定的组织管理任务。

职业人应高度关注专业素养的提高，知识要更新，技能要提升，组织管理能力要增强，这些都是动态的、发展的。职业人只有不断从专业知识、专业技能、组织管理能力上寻找差距和弥补不足，才能不断提高自身的专业素养和工作能力，做到想干事、能干事、干成事。

八、社会交往和适应素养

社会交往和适应素养指的是语言表达能力、社交活动能力、社会适应能力等方面的素养。社会交往和适应素养是职业人综合素养高低的间接表现，也是职业人能够适应社会环境、适应社会生活、胜任社会角色、形成健全个性的基本要求。

从某种意义来说，职业活动就是一种群体活动，需要处理好人与人、人与集体之间的关系，其中如何与别人沟通、协调等方面的能力就显得非常重要。只有培养自己的表达能力、沟通能力以及听懂和理解别人传递信息的能力，才能更好地在职场中保持良好的人际关系。同时，要不断地适应社会环境的变化，无论是在新公司还是在新部门，都要面对融入周围环境和人群的问题，良好的适应能力能够让职业人在职场中如鱼得水，从而推动职业的可持续发展。

九、学习和创新素养

学习和创新素养指的是学习能力、信息能力、创新精神、创新意识与创新能力、创业意识与创业能力等方面的素养，包括好奇心、进取心、创造力、自信心和毅力等。学习和创新素养对个人的职业发展起着重要的作用。

学习和创新素养的要素有：独立的人格意识、独特的个人特长、大胆的探索精神、优秀的创造思维、积极的学习态度、广泛的兴趣爱好、正确的审美意识、合理的知识结构、良好的道德品质、强烈的好奇心、丰富的想象力、敏锐的观察力、较强的模仿能力和动手能力、定量的数理分析能力、严密的逻辑推理能力、高效的信息处理能力等。只有具备了学习和创新素养，才能在职业活动和社会实践中冲破传统观念的束缚，才能有所发现、有所发明、有所创造和有所进步。

第三节　培养良好的职业素养

职业是现代人生存以及进行社会活动的根本所在，与人的一生密切相关。我们常说职业素养是一流员工之魂，是人才选用的第一标准，是职场制胜与事业成功的第一法宝。那么大学生要如何培养良好的职业素养呢？我们或许可以从"大树理论"中得到启示。

要成为一棵大树至少需要以下五个条件：第一是时间，没有一棵大树是树苗种下去马上就能变成大树的，一定是岁月刻画着年轮，一圈圈往外生长的；第二是坚定，没有一棵大树是第一年种在这里，第二年种在那里，就能成为一棵大树的，一定是多少年来经风霜、历雨雪，屹立不倒，最终成为大树的；第三是根基，树有粗根、细根、微根，这千万条根深入地底，忙碌而不停地吸收营养，确保大树能够茁壮成长；第四是向上，没有一棵大树是只向旁边生长、长胖不长高的，一定是先长主干再长细枝，一直向上生长的；第五是朝阳，没有一棵大树是向着黑暗、躲避光明的，阳光是树木生长的希望所在，大树知道必须为自己争取更多的阳光，才有希望长得更高。

每个在职场上拼搏的人就像一棵树，根系就是职业素养，而枝、干、叶、形只是职业素养所显现出来的表象。只有根系发达，才能枝繁叶茂。一个人要想在职场中取得成功，就要选择大树一样的人生。第一要给自己时间，时间就是经验的积累和智慧的积淀；第二要坚守信念，扛得了重活，打得了硬仗，经得住磨难，如此方能"修成正果"；第三要终身学习，对待知识要求知若渴，对待学习要孜孜不倦，提高学以致用的能力，只有扎实根基，耕耘不止，事业之树才能常青；第四要不断向上，争取更大的发展空间，朝着正确的目标努力奋斗；第五要阳光做事和诚实做人，心有阳光才能收获灿烂的日子！即使你现在什么都不是，但是只要有大树的种子、大树的理想和大树的不屈，向着灿烂的阳光，吸收泥土的养分，终有一天会长成高耸入云的大树。

一、敬业

敬业是一个人对自己所从事的工作负责的态度。敬业是中华民族的传统美德，中华民族历来有"敬业乐群""忠于职守"的传统。早在春秋时期，孔子就主张人在一生中要勤奋刻苦，为事业尽心尽力，曾提出"事思敬""执事敬""修己以敬"等主张。

敬业是人们基于对一件事情、一种职业的热爱而产生的一种精神，是社会对人们工作态度的一种道德要求。低层次的即功利目的的敬业，是由外在压力产生的；高层次的即发自内心的敬业，是把职业当作事业来对待。作为职业人，要立足本职，爱岗敬业，树立主人翁意识、责任感和事业心，追求崇高的职业理想；要培养恪尽职守、积极进取、精益求精的工作态度；要干一行、爱一行、钻一行，努力成为本行业的行家里手；要摆脱单纯追求个人和小集团利益的狭隘眼界，激发奋发图强、埋头苦干的工作热情，以正确的世界观、人生观、价值观指导和调控职业行为。

作为一名大学生，应当具有强烈的敬业精神，对待学习与工作充满激情，尽职尽责，不怕劳苦，甘于奉献，努力增强自己的核心竞争力和实现人生的价值追求。

二、担责

责任是一个人必须承担的事情或不得不做的事情。其基本内涵包含两个层面：一是指分内应该做好的事，如履行职责、尽到责任、完成任务等；二是指因没有做好自己的工作而要承担的不利后果或强制性义务，如担负责任、承担后果等。

责任是世界观、人生观、价值观的体现，是一个人对待人生和生命的态度。责任体现了一个人的原则、作风、习惯和思想；体现了一个人的心态、心智、格局和胸怀；体现了一个人的使命、生活空间和追求。

责任按照内在属性可以分为：角色责任、能力责任、义务责任和原因责任。角色责任是指共性角色责任范畴，可以理解为"在角色共性规则下应该做和必须做的事情"；能力责任是指超出角色责任要求的责任表现，可以理解为"努力并结合能力做的事情"；义务责任是指没有在角色责任限定范围的责任，可以理解为"可做可不做的事情"；原因责任是指某些原因直接导致的责任。

责任的存在，是对人的考验。一些人经不住考验，逃匿了，他们会随着时光的流逝而消失得无影无踪；而另一些人却承受了，历经艰辛，他们也会消失，但其精神不朽。

责任有不同的范畴，如家庭责任、职业责任、社会责任等。这些不同范畴的责任，有普遍性的要求，也有特殊性的要求。责任无处不在，存在于每一个角色中。父母养儿育女、教师教书育人、医生救死扶伤、工人铺路建桥、军人保家卫国……人在社会中生存，就必然要对自己、对家庭、对集体，甚至对国家承担一定的责任。责任就是承担应当承担的任务，完成应当完成的使命，做好应当做好的工作。

作为一名大学生，应当做一个有责任感的人，行事谨慎，为人可靠，面对学习与工作中出现的困难绝不退缩并设法克服，善于抓住每一次机会，用心做好每一件事，体现对自己所负使命的忠诚和守信。

三、诚信

诚信是日常行为的诚实和正式交流的信用的合称，即待人处世真诚、老实、讲信誉，一诺千金。诚实守信是中华民族千百年传承下来的优良道德品质。孔子曰："人而无信，不知其可也。"诚信既是个人道德的基石，又是社会正常运行不可或缺的条件。诚信缺失的个人将失去他人的认可，诚信缺失的社会将失去人与人之间的正常关系的支撑。

诚信就其内涵而言，包括诚和信两方面，这两方面既有所区别，又互相联系。"诚"的内容一是真实，二是诚恳。真实是指不会有意歪曲客观事物的本来面貌；诚恳是指不会有意歪曲自己主观意图的本来面貌。"信"字由人字旁加一个言字组成，是指人说话要算数，对自己的承诺负责，言必信，行必果。

诚与信有所区别：诚讲的是不能歪曲主观和客观的实际状况，更强调静态的真实；信讲的是不能违背自己的诺言，更强调动态的坚守。诚是一种内在的德行与修为，而信则是一种外在的确认与表达。二者之间的联系：静态的真实是动态的坚守的基础，动态的坚守是静态的真实的结果；内在的德行与修为会通过外在的言行加以确认，而外在的言行没有内在的德行与修为作为基础则难以持久。

诚信是一种道德规范，是一种法律原则，是一种行为准则。业以诚为本，诚以信为基，信以德为源。一个人要想在职场站稳脚跟就离不开诚信，诚信是个人安身立命之本。荀子曰："君子养心莫善于诚。"

一个人要想在职场竞争中占有一席之地，就必须要诚信，如果言而无信，出尔反尔，见风使舵，口是心非，必然无法获得别人的信任，也很难被社会所接受，因此陷入孤立无援之境。一个企业的生存与发展也离不开诚信，诚信是企业的无形资产。市场经济以诚信为基础，诚信是最基本的交往规则。如果企业失信于员工，必然众叛亲离，指挥失灵，一盘散沙；如果企业失信于客户，必然信誉扫地，难以生存。

作为一名大学生，应当诚信学习，诚信做事，诚信做人，重视自己的诚信记录，维护自己的诚信形象。

四、务实

务实就是讲究实际，实事求是，其基本解释是从事实际工作，研究具体问题。第一，务实是一种精神，蕴含着强大的正能量，是取得工作业绩的重要保障。它拒绝空想，排斥虚妄，鄙视华而不实，追求充实而有活力的人生。第二，务实是一种态度，是做好一切工作的前提。一个人的能力可能有高有低，但如果没有务实的态度便会工作飘忽、好高骛远，对具体工作视而不见；有了务实的态度才能谋实事、出实招，把工作落到实处，才能在遇到困难和问题时不找借口，不推诿扯皮，不怨天尤人。第三，务实是一种能力，是职业素养的集中体现。看一个人是否务实，就是要看他是否踏实肯干，使名必有实，事必有功。事不做则罢，做了就要有头有尾，见到实效；话不说则罢，说了就要一诺千金，言行一致。

五、高效

效率是单位时间内完成的工作量。在如今飞速发展的时代，工作效率是企业的生存之本，也是员工的发展之本。在职场中打拼的每个人都要有"等不起"的紧迫感、"慢不得"的危机感、"坐不住"的责任感，要抓紧每一分钟，奋发图强，将宏伟蓝图一步步变成美好现实。

如何才能让自己高效率地完成工作，在芸芸众生中突出自己的工作能力呢？

一是制订计划。每日制作一个工作列表，把每日要做的工作按照轻重缓急排列。先处理紧急的工作，再处理重要的工作，最后处理轻缓的工作。

二是集中精力。工作时，一定要全身心投入，学会集中精力做一件事，而且做好这件事；切忌三心二意，那样只会捡了芝麻丢了西瓜，甚至每一件事都做不好。

三是简化工作。将简单的东西复杂化不是本事，将复杂的东西简单化才是能耐。当工作像山一样摆在面前时，不要硬着头皮干，首要任务是将工作简化，把面前的大山简化成一座座小山丘，然后按部就班地一点点搬走。这样不仅效率最高，而且最有成就感。

四是有紧迫感和危机感。工作中要时刻保持紧迫感和危机感，不断地提醒自己切忌有怠慢心理。

五是注意劳逸结合。人的体能是有限的，身心是需要调节的，不能一味地拼命工作。超负荷的工作只会降低效率，产生事倍功半的结果。此外，工作时要为自己保留弹性时间。

作为一名大学生，应当把握时间，注重细节，追求效率。只有善于管理时间、把每个细节做好做透和讲究高效率学习与工作的人，才能在事业与生活上取得成功。

六、竞争

竞争是群体或个体间力图胜过或压倒对方的心理需要和行为活动。正当竞争是指建立在公平、善意、平等、自愿和诚实守信基础上的良性竞争，具有使人奋发进取、促进社会进步、提高劳动生产率的积极作用。

竞争是市场经济发展的重要机制，企业的生命力在于竞争。处于竞争日趋激烈的当今社会，任何一家企业都不可避免地面临竞争。在优胜劣汰的竞争法则面前，市场中的企业都是平等的，如何参与竞争并使自己在市场竞争中拥有优势，是企业能否取得成功的核心所在。

职业人经常处于竞争环境之中，是否具有健康的竞争心理对事业发展有着重要的影响。那么身在职场，应该如何应对竞争呢？

一是树立"人人都有成功机会"的观念。"天生我材必有用"，人的一生中充满了竞争，每个人都应以乐观向上的态度投入竞争。职业人要有强烈的获取成功的愿望，敢于突破传统的、保守的、惰性的习惯势力的束缚，善于抓住成功的机遇，勇于竞争，不怕失败。努力实现个人的成功，既是献身于事业的需要，也是个人价值和全面发展的体现。

二是在竞争中保持心理稳定。竞争既能让人克服惰性、满怀希望、蓬勃奋进，又能让人倍感压力、身心疲劳、心理失衡。有竞争，就有成功和失败。成功固然可喜，失败也能坦然面对；不争一时之长短，不困一时之迷惑。在这次竞争中失败了，并不表示在将来的竞争中也注定会失败；在这方面的竞争中失败了，并不说明你事事不如人。如果能从失败中吸取教训和增长知识，那么这种失败或许就是成功的起始。

三是在竞争中培养欣赏别人的气度。"天外有天，人外有人"，只看到自身的优点是不够的，要学会用欣赏的眼光去看待别人。当对手胜利时，要真诚地祝福他们，真心地为他们喝彩，同时在失败中反思自己并奋起直追。

作为一名大学生，应当勇于竞争且善于竞争，遵循社会竞争规范和法则，公平竞争，并具有竞争的勇气、胆识、功底和才华，在竞争中能经受锻炼、增长才干、突破自己和超越他人。

七、协作

人们在一起可以做出单独一个人所不能做出的事业；智慧、双手、力量结合在一起，几乎是万能的。——韦伯斯特

协作是在目标实施过程中，部门与部门之间、个人与个人之间的协调与配合。协作各方为了实现共同的目标，充分利用组织资源，依靠团队力量共同完成某一项任务。协作应该是多方面的、广泛的，只要是一个部门或一个岗位所要实现的目标，必须得到外界的支援和配合，就会产生协作的内容，包括人员、资源、技术、信息等。因为协作可以集中力量在短时间内完成同样数量个人所难以完成的任务，所以整体成就高于个人努力的总和。

团队是个人职业成功的前提。在一个组织或部门之中，团队协作精神显得尤为重要。那么如何加强协作呢？一是将团队利益放在首位，意识到只有成就了团队才能成就自我，而团队利益的实现又依赖于成员的共识，把集体的事情当作自己的事情来对待；二是与团

队成员建立信赖关系，重视团队成员在共同工作中的价值，强调"我们"而非"我"，善于理解他人的想法与感受，真诚表达自己对他人的尊重和认可；三是与团队成员协同配合，既能高效率地完成自己所负责的工作，不给其他团队成员带来延误或困扰，又能在力所能及的范围内为团队成员提供支持和帮助；四是为团队建设献言献策，在团队成员提出咨询时，积极提供建设性意见，针对协作成果定期总结工作，共同修订计划，提高协作效率。

作为一名大学生，应当善于协作，注重团队意识、团队精神、团队合作能力的培养，把自己融入团队并成为其中的优秀成员，通过团队的力量不断提升自我的竞争力。只有懂得竞争，才能更快取得进步；只有懂得协作，才能更快取得成功。

八、创新

创新是指以现有的思维模式提出有别于常规或常人思路的见解，利用现有的知识和物质，在特定的环境中，本着理想化需要或为满足社会需求，而改进或创造新的事物、方法、元素、路径、环境，并能获得一定有益效果的行为。

在英文中，创新这个词起源于拉丁语，原意有三层含义：第一，更新；第二，创造新的东西；第三，改变。创新是以新思维、新发明和新描述为特征的一种概念化过程。

创新是人类特有的认识能力和实践能力，是人类主观能动性的高级表现，是推动民族进步和社会发展的不竭动力。一个民族要想走在时代前列，就一刻也不能没有创新思维，一刻也不能停止创新发展。

开拓创新要有创造意识和科学思维：第一，要强化创造意识，培养敏锐发现问题的能力和敢于提出问题的勇气；第二，要善于大胆设想，要敢想、会想，要敢于标新立异；第三，要确立科学思维，培养发散思维、逆向思维、侧向思维和动态思维；第四，要有坚定的信心和意志，不断进取，顽强奋斗。

作为一名大学生，应当勇于创新，积极参与和真诚投入创新活动、创业活动、创造活动，从创新视角思考学习与工作，打破惯性思维，敢于求变，通过提升创新能力来拓宽发展空间。

第二章　职业素养的提升方法

第一节　职业化和职业化素养

职业化是企业发展的核心竞争力。所谓职业化，是指一种工作状态的标准化、规范化和制度化，即要求人们把社会或组织交代下来的岗位职责，专业地完成到最佳，准确扮演好自己的工作角色。

以国际通行的概念分析，职业化的内涵至少包括以下 4 个方面：

①以"人事相宜"为追求，优化人们的职业资质；

②以"胜任愉快"为目标，保持人们的职业体能；

③以"创造绩效"为主导，开发人们的职业意识；

④以"适应市场"为基点，修养人们的职业道德。

一、职业化和职业化素养的内容

职业道德、职业意识、职业心态是职业化素养的重要内容，也是职业化最根本的内容。如果我们把整个职业化比喻为一棵树，那么职业化素养则是这棵树的树根。美国著名的《哈佛商业评论》评出了 9 条职业人应该遵循的职业道德：诚实、正直、守信、忠诚、公平、关心他人、尊重他人、追求卓越、承担责任。这些都是最基本的职业化素质。企业无法对员工的职业化素养进行强制性的约束，职业化素养更多地体现在员工的自律上，企业只能对其所有员工的职业化素养进行培养和引导，帮助员工在良好的氛围下逐渐形成良好的职业化素养。作为大学生群体，了解职业化及培养自身的职业化素养，不但有助于自己的职业生涯发展，也有利于未来企业的发展。

职业化的行为规范体现在遵守行业和公司的行为规范，包含职业化思想、职业化语言、职业化动作这 3 个方面的内容。各个行业有各个行业的行为规范，每个企业有每个企业的行为规范，一个职业化程度高的员工，他能在进入某个行业的某个企业较短时间内，严格按照行为规范来要求自己，使自己的思想、语言、动作符合自己的职业身份。

职业化行为规范也体现在做事情的章法上。这些章法的来源是：

第一，通过长期工作经验的积累形成的；

第二，在企业规章制度要求下形成的；

第三，通过培训、学习形成的。

当我们进入一家公司成为一名员工时，拥有职业化技能可以被看作对工作的一种胜任能力，通俗地讲，就是你有没有这个能力来担当这个工作任务。

职业化技能大致可以包括两个方面的内容。

（一）职业资质

1. 学历认证

学历认证是最基础的职业资质，专科、本科、研究生等，通常就是进入某个行业某个级别的通行证。

2. 资格认证

资格认证是对某项专业化技能的一种专业认证。例如：从事会计工作的，就必须拥有会计上岗证，再高一级就是注册会计师资格认证；从事精算工作的，就要拥有精算师资格证书。

学历认证和资格认证都是有证书的认证，但是在现实中，还有一种没有证书的认证，这就是社会认证。

3. 社会认证

社会认证，通常就是一个人被社会认可的专业水平或社会地位。比如你是某个行业著名的专家、学者，即便你没有证书认证，但是社会承认你，这就代表着你在这个行业或这个领域具有一定的权威性。

（二）职业通用管理能力

每一个人，在企业中都不是一个独立的个体，而必须与上司、下属、同事等交往，形成一系列的关系链。在这些关系链中，必然就产生了向上级的工作汇报、向下级的任务分配，以及同事之间的沟通、协作与配合；同时，一个员工还必须对自己进行有效管理，包括时间的管理、心态的管理、突发事件的处理等。这些通用管理能力，是个人在生活和工作中间都必须具备的能力。通用管理能力的高低，在某种程度上也决定着个人的实际工作能力高低，它与职业资质互为补充，形成员工的实际工作能力。可以这样说，一个职业资质和通用管理能力都比较高的员工，其整体工作能力一定是比较高的。

一个职业化程度高的员工，必将成为一个优秀的员工；一个团体职业化程度高的企业，必将成为一个令社会尊敬的企业。

二、职业化的作用

职业化的作用体现在：工作价值等于个人能力和职业化程度的乘积，职业化程度与工作价值成正比，即：

$$工作价值=个人能力×职业化程度$$

如果一个人有100分的能力，而职业化的程度只有50%，那么其工作价值显然只发挥了一半。如果一个人的职业化程度很高，那么能力、价值就能够得到充分、稳定的发挥，而且会呈逐步上升趋势；如果一个人的能力比较强，却自己感觉在现实中发挥得很不理想，总有"怀才不遇"的感慨，那就很可能是自身的职业化程度不够高造成的，这就使得个人的工作价值大幅度降低。

三、职业化的观点

职业化的基本观点可以概括为：一个中心，三个基本点。

（一）一个中心

职业人的核心目标是客户满意，即职业化的一个中心就是提供客户满意的服务。职业人总是准备提供超过客户期望值的服务。这里的客户指广义上的概念，包括上司、同事、家人、下属和生意场上打交道的客户。

以客户为中心的第一个含义是个体能够对客户产生影响。你能够使客户满意，意味着你必须具有一定的能力，使客户接受你为他提供的服务，也就是你有能力产生影响。

以客户为中心的第二个含义是互赖。如大洋集团公司的总经理用人的一个标准是"敬人"。敬上司，敬客户，敬同事，也就是在你的职业圈子里创造互赖的关系，这样才能协调好各个环节，使团队功能的发挥达到最佳状态。

职业化以提供客户满意的服务为中心，从另一种意义来说，就是提升客户的竞争力，使客户的价值得到提升。以客户为中心还意味着你必须关注对整体的把握，而关注整体，意味着你要关注那些限制整体发展的因素。木桶理论说明，限制最大产出的是数量最少的资源。职业人的要务之一就是帮助客户以尽量小的投入获得尽量大的产出。

简单地说，为客户提供满意服务的含义包括：

首先，有能力产生影响；

其次，互赖（互相信赖）；

再次，不断提升客户的竞争力；

最后，关注对整体的把握。

（二）三个基本点

1. 职业人要为高标准的产出负责

（1）职业人要为高标准的产出负责，最主要的是做到以下两点：

① 行为思考的出发点是客户最感兴趣的；

② 有义务保守与客户合作之间的所有秘密。

（2）职业人要为高标准的产出负责，也意味着对企业的用人标准负责。一般而言，职业人能够帮雇主做其做不了的事情，雇主雇佣职业人的原因有以下三个方面。

① 职业人是有竞争力的，具有其专业优势和特殊才能。

② 雇主认为职业人的判断是客观的。职业人很重要的一点是用数据说话：

a. 职业人的所有建议都是有数据支持的；

b. 职业人的所有行动方案是可以实现的，有量化指标；

c. 结果是可以考量的。

③ 职业人是正直的。职业道德是企业用人的重要考核点，商业道德问题对于公司的发展更是致命的。

2. 职业人要对团队协作负责

作为职业人，必须记住一点，只有团队协作，才能够提供高标准的服务。这里讲述的不是专业人士，而是职业人士。专业人士是学有专精的人，而职业人士则是注重团队合作的专业人士。尤其是在分工越来越细化的现代社会，团队协作尤其重要。

3. 职业人必须为自己的职业生涯负责

要提升客户的竞争力，首先要提升自己的竞争力。处在经济急剧发展的时代，职业人必须不断地学习，否则只能被社会淘汰。应变的唯一之道就是不断学习进步。

第二节 培养责任意识

责任意识，就是清楚地知道什么是责任，并自觉、认真地履行社会职责和参加社会活动，把责任转化到行动中去的心理特征。有责任意识，再危险的工作也能减少风险；没有责任意识，再安全的岗位也会出现险情。责任意识强，再大的困难也可以克服；责任意识差，很小的问题也可能酿成大祸。责任就是承担应当承担的义务，完成应当完成的使命，做好应当做好的工作。

一、责任意识概述

（一）责任

根据《辞源》和《辞海》的解释，"责"的语义非常丰富，包括责任、职责、负责、责问、谴责、诘问、责备、处罚、责罚、索取、责求、要求、督促等。在现代汉语中，"责任"一词有 3 个互相联系的基本词义：

（1）根据不同社会角色的权利和义务，一个人分内应做的事，如岗位责任、尽职尽责等；

（2）特定人对待特定事项的发生、发展、变化及其成果负有责任义务，如"担保"责任、"举证"责任等；

（3）由于没有做好分内的事情（没有履行角色义务）或没有履行助手义务而承担的不利后果或强制性义务，如"违约"责任、"侵权"责任、"赔付"责任等。

责任是一种义务、一种使命，也是推动事业发展的原动力。

"责任"一词在不同语境中具有不同的含义。一般来说，任何人在人生的不同时期都肩负特定的责任。责任是随着人的社会角色不同而不同的。例如：父母对子女的责任是监护和教养，医生的责任是治病救人，教师的责任是教书育人，法官的责任是秉公执法等。

（二）责任意识

责任意识，或者说责任感，是道德品质的一种体现。

责任意识是指不同社会角色的权利、责任、义务在人脑中的主观映像。它是指一个人的行为在生活或工作中对他人、家庭、组织和社会是否负责，以及负责的程度。

责任意识是一种自我约束的价值取向。这种约束限定了自己应该怎么做，不应该怎么做，确定了个人生活、工作、处世的原则，确定了个人劳动付出、创造绩效、奉献社会的途径。它是一个人立足社会、获得事业成功和家庭幸福的至关重要的人格品质。对于个体来说，责任意识就是要认清本身的社会角色和社会对其的需求，尽心履行责任和义务。例如：大学生要有努力学好职业本领的意识；医生要有医术精深、救死扶伤的意识；公务员要时刻牢记履行公务员的权利和义务；企业员工要积极承担岗位职责，完成任务，作出贡献等。

不同身份的人，都必须具有合理的责任意识并认真履行，才能保证个人的健康成长和发展，保证社会的和谐与稳定。

对于一般从业者来说，责任意识是指个体对所承担的职业角色的自我意识及自觉程度。它包含两方面的内容：一个人既要对自己的职场行为后果承担相应的责任，又要为他人和社会负责。

（三）责任意识的作用

一个人有无责任意识及责任意识的强弱，不仅影响到其在群体中的信誉，而且直接影响到在校期间的学习成绩，或就业过程中的工作绩效，或所在单位目标任务完成情况。良好的责任意识是个人进步的动力，它能提醒和督促自己主动地付出和贡献，不断创造出业绩。如果一个人缺乏责任意识，在学习、生活或工作中就会消极被动，得过且过，毫无建树；面对各种诱惑而不能自持；一旦身处逆境，便消沉绝望，难以自拔。

1. 责任意识能够激发出个人潜能

每个人都蕴藏着巨大的潜能，但并非都能够发挥出来。这固然有多方面的原因，然而其中不可忽视的因素就是人的责任意识。

一个有强烈责任感的人，对待工作必然尽心尽力、一丝不苟，不把它做好决不罢休；遇到困难，决不轻易放弃。责任心能激发出他的巨大潜能，驱使他想方设法、竭尽全力地做好本职工作。

据说，法国有个名叫桑尼尔的飞行员，他在清洗战斗机时，突然感到肩膀被拍了一下，回头看，竟是一只大狗熊。他在惊恐之中急忙把水枪对准狗熊，但由于用力过猛，水枪脱手落地。他施展全身力气纵身猛跳，跃上了两米多高的机翼。在他的呼救声中，哨兵端着冲锋枪跑过来击毙了狗熊。一个人在没有助跑的条件下能跳两米多高，这的确令人难以置信。况且，他后来做过多次实验都没有再跳上过。但在生死关头，确实是由于自救的责任感激发了他的生理潜能，使他有了超常的发挥，竟然跳上了机翼而脱险。

相反，一个责任意识淡薄的人，由于不愿意也不可能全身心地投入工作，他的潜能就不可能被激发出来。因而，即使他工作经历再久，也只能是碌碌无为。

历代无数名人和先烈英模对于国家和事业无不具有强烈的责任心和使命感。正是这种责任心和使命感充分激发出了他们的潜能，使他们作出了常人难以达到的贡献。例如：诸葛亮"鞠躬尽瘁"，岳飞"精忠报国"，这是为国尽责的楷模。许多辛苦耕耘、舍己救人、抗灾捐献、以身殉职的人，许多不达目的决不罢休而终于获得成功的人，都是在履行自己的责任，完成某种历史使命。

2. 责任意识能够促进个人成功

一个人有了责任意识，就会对自己负责，做自我的主宰，愿意主动承担责任。这样他不仅全身心地投入自己的岗位工作，精益求精地完成本职任务，他还会乐意承担额外的事务，多担一份责任，多做一份贡献。多担一份责任，就多经受一番历练，这就增长了个人担负更多、更重要职务的能力。显然，这将会提高工作绩效，有利于职位升迁，促进个人职业的发展。

德国大众汽车公司有句格言："没有人能够想当然地保有一份好工作，而要靠自己的责任感去争取一份好工作。"任何工作都意味着某种责任。职位越高，权力越大，其所担负的工作责任就越重。任何人只要应聘就职，就必须对工作担负责任，正如比尔·盖茨曾经对他的员工所说的："人可以不伟大，但不可以没有责任心。"

责任感是简单而无价的，它使一名员工在组织中得到信任和尊重，得到重用和升迁，既展现出个人价值，又作出社会贡献。主动承担更多的责任，这是许多成功者的必备素质。

3. 责任意识关系能减少事故的发生

我国一向高度重视安全工作，制定了有关的法律和举措，力求把安全事故降到最低。在减少安全事故的过程中，有关工作人员的责任心起着关键作用。它往往关系到事故是否发生。在现实社会中，有些在职人员对工作认真负责，一丝不苟，一旦发现安全隐患或突发险情，立即采取有效措施，避免了许多重大、特大安全事故。

2010年5月6日，济南某航空兵师飞行员冯思广在同中队长张德山驾机进行夜间飞行训练时，遭遇发动机空中停火。这时，飞机前方是灯火通明、人群熙攘的夜市。他们以对人民高度负责的精神，不顾个人安危，立即改变飞行轨迹，避免了一起飞机坠落在济南繁华市区的特大灾难，冯思广却因推迟跳伞而壮烈牺牲。

由于某些职工和领导干部缺乏责任心，玩忽职守，曾造成过难以弥补的经济损失，或酿成许多惨重灾难（如火灾、煤矿事故等）。例如：一张设计图纸上标注数据的一个小数点错位，会造成大批零件的报废；一批广告产品把厂家电话号码的一位数字印错，曾引发了该广告公司的巨额赔款，甚至导致公司倒闭。

二、责任意识的培养

（一）责任意识的培养目标

每个人都负担着多种社会角色，每种社会角色各有特定的社会责任。我们的责任意识应当围绕不同的社会角色来培养，可以从下列 5 个方面做起。

1. 对自己负责

培养自尊、自信、自主、自强、自律的意识，充分发挥个人的聪明才智，使自己成为一个对社会有用的人。

2. 对他人负责

尊重他人，接纳他人，以诚待人，与他人和谐相处，富有爱心和合作精神，真诚关心他人的安全和利益，乐于助人，力求使自己成为他人的良师益友。

根据《深圳青年》报道，大连市公交司机黄志全在行车途中突发心脏病。在生命的最后一分钟里，他做了 3 件事：把车缓缓停在路边，打开车门让乘客安全下车，将发动机熄火。之后，他趴在方向盘上停止了呼吸。他的行为充分表现出了对工作、对他人高度负责的精神。

3. 对集体负责

树立集体观念，珍视集体荣誉，主动关心集体，坚持把个人利益放在集体利益之下，决不做有损集体声誉的事；积极参加集体活动，主动为集体事业的发展尽心尽力，与集体共荣辱，维护集体的荣誉和利益。

4. 对家庭负责

作为一名家庭成员，应当尊老爱幼，在努力追求事业成功的同时，妥善处理家庭的事务，夫妻恩爱，对其他家庭成员负责，营造温馨和谐的家庭。家庭幸福是多重成功标志的一个重要方面。

5. 对国家负责

树立热爱祖国、报效祖国的伟大理想，爱护国家财产和公共设施，爱护环境，积极参加公益活动，努力学习和工作，将自己毕生的经历贡献给建设祖国的伟大事业。

（二）在工作中增强责任意识

现实中，我们不难听到这样的抱怨："我们辛辛苦苦地工作，每个月才赚那么点钱，干吗要为老板卖命？""市场经济讲究等价交换，拿多少钱，干多少活，我光加班不拿钱，那不是给老板白干活了？"这便是有些打工者的"哲学"。他们的人生信条是：老板给多少钱，我就干多少活，这样才不吃亏；至于对企业负责，那是老板考虑的问题。其实，对工作负责就是对自己负责，工作就就业业，一方面是在为自己的前途打拼，为自己的能力添砖加瓦；另一方面也是借着企业这个平台逐渐实现自己的职业理想。

1. 对个人行为负责

一个人走向成熟的第一步是勇于承担责任。如果不能以同样的精神担起我们本应担负的责任，我们就永远不能说自己已经成熟。

我们经常遇到这种情况，当孩子在椅子上摔倒后，大人为哄孩子会踢一下椅子："破椅子，都怪你！"其实，摔倒是小孩子站不稳的缘故，无关椅子的事。长此以往，孩子会忘记自己的责任而乐于将责任推给别人。我们都已经脱离跌倒了便迁怒于椅子的孩童阶段，应当直面人生，为自己负责。把责任推卸给我们的家长、老师、环境甚至制度要容易得多，或者我们还可以有一个最好的借口，责怪幸运之神的不公。不成熟的人总能为他们的缺点和不幸找到理由，而且是令自己置身事外的理由：他们的童年很悲惨，他们的父母太贫穷，他们缺少教育，他们体质虚弱，他们埋怨家人不了解自己……认为命运之神跟他们过不去，仿佛整个世界都在与自己为敌。其实，他们是在为自己找替罪羊，而不是去设法克服困难，去寻找解决问题的方法。

能为自己的思想、工作习惯、目标和生活负责，你会发现你在开创自己的命运，走在通往成功的路上。

2. 干好第一份工作

想要有所作为，首要的是干好本职工作。对于刚毕业的大学生来说，则要干好自己的第一份工作。处境的改变、理想的实现、事业的成功，很多时候不在于你做的是什么工作，而在于你的工作做得怎么样。

选择第一份工作可能不由自己的意志所决定，但怎么看待第一份工作，走好人生奋斗的第一步，确实是靠个人努力的。以什么样的态度去工作，这将影响你的一生。成功人士对待人生第一份工作的态度告诫人们：以尽职尽责的态度去工作，走好人生奋斗的第一步，将会影响你的一生。

3. 遇到问题不推脱

很多情况下，人们会倾向于首先解决那些容易解决的事情，而把那些有难度的事情尽可能推给别人。其实，工作中遇到问题时，应该勇于面对，让问题在自己这里得到解决。在老板眼里，没有任何事情能够比一个员工处理和解决问题更能表现出其责任感、主动性和独当一面的能力。一个经常为老板解决问题的人，当然能够得到老板的青睐。

4. 不为错误找借口

常言道："智者千虑，必有一失。"一个人再聪明、再能干，也总有犯错误的时候。通常人犯了错误会有两种态度：一种是拒不认错；另一种是坦诚地承认错误并勇于改正，并找到解决的途径。

在工作中，我们经常听到这样或那样的借口，它们听起来似乎合情合理。例如：上班迟到了，会有"手表停了""闹钟没响""起得晚了""路上塞车""今天家里事情太多"等借口；业务拓展不开，工作业绩不佳，会有"制度太死""市场竞争太激烈""行业萧条""我已经尽力了""还有比我做得更差的呢"等借口。可以说，寻找借口是世界上最容易办到的事情之一，只要你心存逃避的想法，就总能找出足够多的借口。

每个人都有犯错误的可能，关键在于你认错的态度。只要坦率地承认错误，并努力想办法补救，仍然可以立于不败之地。

（三）大学生的责任意识培养

责任感不是与生俱来的，它是后天养成的。大学生如果在求学阶段就注重培养责任意识，则会有效地增强职业素养，为今后职业生涯发展打下良好基础。责任意识培养可以从以下几方面着手。

1. 明确自己的责任

大学生应当认清自己在不同时间、不同环境下的社会角色及其职责。

大学的责任是培养社会需要的德才兼备的人才，大学生的责任就是要使自己成为社会需要的德才兼备的人才。为此，要完善自我认知，养成良好的个性与习惯，促进自我成长，建立科学的价值观和职业理想，担负起社会的重任和期望，坚定报效祖国、造福人民的信念；提高学习能力，增强学习知识技能，提升专业能力；参加集体活动，为社会服务，培养社会责任感；锻炼沟通能力，建立和谐的人际关系。这些责任是沉重而光荣的。

大学生责任的履行，有赖于个人的自我探索、自我管理和自我规划。

（1）要探索自己的价值观、人格、兴趣和能力，不断完善自己的人格，明确自己的爱好、优势和目标。

（2）要面对离开父母独立生活的现实，管理好自己的大学生活，管理好时间、情绪、压力和健康，使自己在大学期间高效地增长才干，努力做到"不因虚度年华而悔恨，也不因碌碌无为而羞愧"。

（3）从入学开始，就要规划自己的生活，包括学习安排、身心健康、职业生涯、职业素养提升等，为实现自己的职业目标做好充分的准备。

2. 从小事做起

大学生要养成良好的责任感，为一生的发展打下坚实的基础，就必须从身边的小事做起；认真对待生活、学习中的诸多小事，不要敷衍马虎。

古人云："合抱之木，生于毫末；九层之台，起于累土；千里之行，始于足下。"大事是由许许多多的小事积累而成的，强烈的责任心也是由对许多点滴小事一贯负责而积累形成的。

"勿以善小而不为"，不迟到，不早退，专心听好每一堂课，如海绵吸水般地求知进取，经常打扫宿舍，护送病友去医院，参加公益活动，奉献一次爱心……这些不起眼的小小善举，会逐步巩固一个人的上进心、善心、爱心和责任心。随着数量的增多，量变产生质变，就会在心理上形成强烈的责任感。

"勿以恶小而为之"，践踏草坪，随地抛纸屑，看到水龙头滴流而不去关紧，忘了自己对别人的承诺，忘了参加预定的集体活动，自己在夜晚最后离开教室而没有关灯……这些很容易发生的小事，正是没有意识到个人对环境卫生、爱护公物、诚实守信、节约水电等公共道德应尽的责任。

我们每做一件事，就是在尽某种责任。能够对很多小事负责，才能逐渐培养对工作的责任心，也才能在未来担当大事，肩负大责任。

3. 学会自我管理

责任心首先体现在对自己负责，这就要求大学生学会管理或控制自己。

（1）管理自己的时间

时间是宝贵的，青春年华尤为宝贵，浪费时间就等于浪费生命。大学生一定要充分利用好每天的时间：学习多长时间，休息多长时间，以及参与文体活动多少时间等，都要有具体限定，不可放任自流。

（2）制订自己的目标

大学生做任何事都应讲求效果。要记住自己制订的长期目标和短期目标，要从量化的具体小目标做起，一定要杜绝那种时间到了而任务却未完成的无效或低效活动。

（3）控制自己的承诺

诚信是做人的重要准则。大学生做事，一定要"言必行，行必果"。古语所说的"君子一言，驷马难追"，应当成为我们的座右铭。

控制自己的嘴，不要说那些企图逃避承担责任的话。例如："这不关我的事。""这是没办法的事。""没有人对我说过。""很多人都是这样。""你不要小题大做。""我是初次，没有经验。""我是好心，想帮助他，没想到……""又没有人知道，害怕什么。"

不要随便许诺，更不要为自己没有信守诺言而寻找借口，推卸责任。一旦对人有所许诺，就要不折不扣地去兑现。

（4）控制自己的忧虑

在漫漫的人生路途中，人人都会有不能实现个人愿望，甚至遭受挫折的时候。例如：考试不及格，经济吃紧，疾病困扰，恋爱难成，人际关系失谐。这时，一定要控制自己的忧虑，不要泄气，要振作精神，以积极的心态谋求解决途径，开创新局面。"不要为打翻的牛奶而哭泣"，要不屈不挠，追求新的目标。正如泰戈尔所言：如果错过了太阳时你流了泪，那么你也要错过群星了。

（5）管理自己的交友

"近朱者赤，近墨者黑"，朋友之间的互相影响是很大的。一群朝气蓬勃、乐观向上的年轻朋友，互相勉励，共同奔向光明前程，相互之间存在着积极的影响。他们的莫逆之交贯穿终生。

人们虽然无法选择一同学习或一同工作的人，但却可以选择自己乐意长久相处的朋友。管理自己的交友方向，争取与对自己各方面发展能产生积极影响的朋友相处。

第三节　塑造质量意识

一、认识质量意识

质量意识是一个企业从领导决策层到每一个员工对质量和质量工作的认识与理解。质量意识对质量行为起着极其重要的影响和制约作用。在我国现阶段的市场经济条件下，企业竞争的焦点是产品和服务的质量。企业要生存、求发展必须以产品和服务的质量为基石，精益求精、讲究质量也是对从业人员恪守职业道德的起码要求。

二、增强质量意识

质量是企业发展的根基，是企业的生命和未来。精益求精、讲究质量也是从业人员恪守职业道德的起码要求。任何产品都是由具体的从业人员经过若干道工序生产出来的，任何服务也是由从业人员来完成的，这些从业人员能否精益求精、注重质量，直接关系到企业的产品质量和消费者的切身利益。

（一）提升质量意识

质量并不是一个简单的指标，它是一种精神。现代管理学认为，一个经济生命体的生存需要企业有名气，组织有士气，员工个人有志气。这"三气"凝聚成一种精神——质量精神。"名气"是要以质量为保证的；"士气"是要以质量为诱因和结果的；"志气"则是要拿出高质量的工作业绩来谋求发展的。质量形成的过程，不仅仅是一个物质加工生产的过程，更是一个文化、思想、意识凝聚的过程。

标准的质量意识是产生未来收益的资源基础，而质量意识的不足，必然导致货币利益的丧失。对员工来说，质量意识同时是一个人的价值观、素质、气质的投入和产出过程。市场如水，企业如舟，质量像舵，人是舵手，一个企业要想在市场竞争中乘风破浪，必须首先要有一个好舵，更要有好的舵手进行操控，保证企业之舟能够又快又稳地行驶。

（二）树立三全质量意识

全面质量管理、全员质量管理、全过程质量管理是 20 世纪 80 年代提出的质量管理概念，它是一种全方位的综合活动，已经得到广泛的认同。

1. 全面质量管理

从组织管理角度来看，全面质量管理的含义就是要求企业各个管理层次都有明确的质量管理活动内容。全企业的各个部门都对产品或服务质量负责，都参加质量管理，各部门之间相互协调，共同做好质量管理工作。

2. 全员质量管理

各部门、各个层次的员工都有明确的质量责任、任务和权限，做到各司其职。质量管理的核心是提高人的素质，调动人的积极性，人人做好本职工作，通过抓好工作质量来保证和提高产品质量或服务质量。

全员质量意识是一个企业的巨大经营资源。这是一种无形资产，它的珍贵程度超过企业的资金资源。

3. 全过程质量管理

对产品的研究、设计、生产（作业）、服务等全过程各个环节加以管理，形成一个综合性的质量体系，做到以预防为主、防检结合，不断改进，以达到用户满意。

（三）防止短视利益行为

短视利益的行为会摧毁一个企业。质量是保证企业健康存续发展的命脉，任何其他因素都无法取代它的重要性。

过去，企业的传统思想认为，提高质量必然导致成本上升、利润下降，所以在企业经营管理活动中重视成本而忽视质量。但是，随着质量管理的发展，这种思想发生了变化。企业的经营者开始认识到，产品质量提高了，就会减少废品，降低返修、调整、检查的成本，成本因此会大幅度降低；同时，产品质量提高了，能得到消费者的信赖，有利于扩大产品销路，稳固占领市场。所以，尽管提高质量会在短期内造成成本上升，利润减少，但从长远来看，它会提高企业声誉，给企业带来更多、更大的利润。正因为如此，现代企业在贯彻质量第一的经营思想过程中，特别强调克服短期行为，重视企业的长期发展。

（四）缺陷产品等同废品

被誉为"全球质量管理大师""零缺陷之父""伟大的管理思想家"的菲利浦·克劳士

比在 20 世纪 60 年代初提出了"零缺陷"思想。美国在 1964 年开始推行他的思想，并在美国推行零缺陷运动。后来零缺陷的思想传至日本，在日本制造业中得到全面推广，日本制造业的产品质量得到迅速提高，领先于世界水平，继而进一步扩大到工商业所有领域。

零缺陷管理的思想主张企业发挥人的主观能动性来进行经营管理，生产者、工作者要努力使自己的产品、业务没有缺点，并向着高质量标准目标奋斗。它要求生产工作者从一开始就本着严肃认真的态度把工作做得准确无误，在生产中从产品的质量、成本与消耗、交货期等方面的要求来合理安排，而不是依靠事后的检验来纠正。

即使是万分之一的次品，对消费者来说也是百分之百的次品。消费者想要也应该得到完美的产品。传统的关于"没有完美"的辩解是不对的。对于许多产品和服务来说，即使是达到 99.9%的完善程度也不够好。

（五）克服 4 种心理障碍

追求高质量必须克服以下 4 种心理障碍。

1. 雇佣心理

在长官意识严重、民主意识淡薄的企业里，员工容易对管理者产生"错觉定位"，形成一种旧式的人身、工作、质量和经济等各方面的依附。员工不能真正认识到工作对自己、企业及社会的价值所在，总有一种为人作嫁的感觉。

2. 惰性心理

人都是有惰性的，特别是在同一环境工作一段时间后，便适应了新的环境。如果环境没有大的改变，人就会变得机械和懒惰，表现为不注重专业技术的学习，质量观念淡薄，对企业和个人发展前途的信心不足。

3. 攀比心理

攀比不是竞争。竞争是以工作绩效来加以对比，攀比却是一种讲形式、重手段、轻绩效的畸形竞争心理。如果有了这种心理，很容易在工作中产生只比劳动报酬，不比工作质量、工作效率的现象。

4. 妒忌心理

人们由于某种欲望没有得到满足或缺乏使之得到满足的现实条件，就会产生妒忌心理。这种心理会导致企业出现内斗现象，员工之间明争暗斗、钩心斗角。把精力放在内耗上，势必影响工作质量。积极的化解方法是：把妒忌化为一种动力，把矛盾变为一种竞争，使工作质量成为竞争的标准。

第四节 树立敬业精神

敬业是一个职业人员最重要的信条和品格之一。良好的敬业意识是从业人员的核心职业素养，是一个合格职业人的必备条件。一个敬业的人，无论从事多么了不起的工作，还是从事多么不起眼的工作，都会抱着认真、一丝不苟的态度，勤勤恳恳，任劳任怨，即使为此付出更多的代价也在所不惜。对于从业人员而言，是否具备敬业意识，不仅关系到个人是否能够履行岗位职责，而且直接关系到所在企业的工作能否顺利运行。

一、敬业意识的范畴

（一）敬业意识的内涵

敬业自古以来就是中华民族的传统美德。宋代理学家朱熹曰："敬业者，专心致志，以事其业也。"敬业，就是要用一种恭敬的态度对待自己的工作，是从业人员认真履行岗位职责，兢兢业业、一丝不苟地对待工作。敬业意识作为最基本的职业道德规范，是对人们工作态度的一种普遍要求。具备敬业意识就意味着人们能够对自己所从事的职业具有敬重的情感，并对事业专心致志，恪尽职守。

对于从业人员来说，要做到敬业，必须要热爱自己的工作岗位，热爱本职工作，即爱岗。爱岗能使人产生强大而持久的工作动力，积极主动地投入工作中，从而做到敬业。因此，爱岗是敬业的基础，敬业是爱岗的延伸。

（二）敬业意识的本质

敬业意识的本质是热爱本职，忠于职守。热爱本职就是要求每位从业人员，不论从事何种职业，都要尊重自己所从事的本职工作，勤勉努力、认认真真地完成各项工作任务；忠于职守就是在热爱本职工作的基础上，甘于奉献、恪尽职守、精益求精，把履行岗位职责视作高于一切的神圣使命，甚至在必要的情况下，能够忘我牺牲、以身殉职。

（三）敬业意识的 3 种境界

敬业是从业人员安身立命之本。任何人要想做出一番成绩，就必须尊重并全身心地投入工作中。敬业有 3 种境界，分别是乐业、勤业和精业。

1. 乐业

乐业是敬业的基础。《论语》有言："知之者不如好之者，好之者不如乐之者。"可见，使人感兴趣的事物，往往能够产生强大的精神动力。乐业的人通常对工作具有浓厚而持久的职业兴趣，即使工作劳动强度大、负担重，仍然能够从内心感受到愉悦和充实。他们把工作视为一件快乐、享受的事，乐此不疲地忘我工作。

当前，在大学生求职时，提倡"爱一行干一行"的择业观念，就是鼓励他们要结合自己的职业兴趣确定定位，能够成为一个乐业者。

2. 勤业

勤业，即从业人员刻苦努力、勤勤恳恳地从事工作，积极主动地迎接挑战，顽强地克服重重困难和阻碍，坚持完成工作。古今中外，凡是成就一番事业的人，大多都具备顽强的毅力和勇气，勇于克服工作中的艰难险阻，最终取得了一般人难以企及的辉煌成就。俗话说得好："台上一分钟，台下十年功。"这句话体现出辉煌成绩的背后往往是长期的坚持不懈、刻苦勤奋。

3. 精业

业精于勤而荒于嬉。也就是说，人们只要做到勤业，必然能够达到精通业务、成绩斐然的境界。当今社会是知识经济的时代，科技发展日新月异，新工艺、新技术层出不穷，客观上要求从业人员具有强大的创新能力。因此，大学生只有具备与时俱进的学习意识和能力，才能不断地吸收新知识和新技能，才能实现个人的持续发展。

二、敬业是一种基本的职业道德

1. 敬业是一种心态

敬业，就是干一行，爱一行。你工作的同时，也是你履行社会责任的过程；你出色的工作就是对社会的贡献。其实，快乐地工作也是在工作，痛苦地工作也是在工作，为什么不快乐地工作呢。要善于在工作中思考。人一旦思考，时间就会过得飞快，这样，想琐事的时间就少了，无聊就少了。同时，在思考中你会发现工作中不好的地方、制度中不合理的方面等，你会思考解决的方法，并付诸实践。久而久之，你就成了智者和实践者。这样你就越发有成就感，也就更加热爱自己的职业了。

2. 敬业是一种行为

敬业，就是不轻视工作中的每件事。无论事情大小，都要全身心地投入，满怀责任感地完成。肯德基在打入中国市场之初，公司先后派了两位代表来考察。第一位代表的创意只是停留在空谈上；第二位代表则是脚踏实地地走街访巷，发放调查问卷，做对比研究，坚定地以自己的行动来实现肯德基的中国梦想。第二位代表无疑给公司带来了财富，真正地体现了敬业。

现代职场的竞争日益激烈，企业对员工的评价和考核标准也日趋多元化。但是，几乎每一家优秀的企业都会强调员工的敬业精神。一个思想和行动上都体现敬业精神的员工，能够为企业带来巨大的财富；同样，员工因为敬业，所以被企业认同，赋予重任，从而能在更大的舞台上发挥自己的才能。

3. 敬业是一种基本的职业道德

敬业精神，作为现代职业人所应该具备的一种基本职业道德，是责任心在职业上的体现。现实中，很多年轻人并不是因为没有才华和能力找不到工作，而是因为缺乏敬业精神。

很多年轻人刚步入职场时都有这样的感觉：自己做事都是为了老板，为他人挣钱。所以，就有许多员工认为：反正给别人打工，能混就混，公司亏损也不用我去承担。平时做事情就满足于差不多，满足于交差；而不是一丝不苟，做到精益求精，做到尽善尽美。殊不知，缺乏敬业精神，不仅是对自己不负责任，同时也是一种不道德的表现。

在那些具备敬业精神的职业人士心目中，再也没有比工作本身更能给他们带来满足与快乐的事了。美国石油大王洛克菲勒曾说过："除了工作，没有其他任何活动能提供如此高度的充实自我、表达自我的机会，也没有哪项活动能提供如此强烈的个人使命感和一种活着的理由。"

敬业的员工之所以受欢迎，不仅是因为他们能对企业负责，更重要的是，他们意识到了敬业是一种使命，是一种责任，是一种精神和职业道德。

三、培养敬业意识的意义

敬业是人们做好本职工作的前提，也是职业道德规范的基础。对于大学生而言，培养敬业意识的意义体现在以下 3 个方面。

（一）敬业意识是个人实现职业发展的保证

工作是人们赖以生存和发展的基础和保障，工作不仅提供了经济收入的来源，而且提供了人们自我实现的精神动力。"三百六十行，行行出状元。"如果人们热爱自己的工作岗位，热爱本职工作，就能够对自己的工作抱有满腔的热情，能够克服重重困难，竭尽全力地去完成工作。一般情况下，人们努力工作的回报，不仅有丰厚的经济报酬，还会有努力工作的愉悦感和满足感、个人价值的实现等精神层面的收获。敬业意识是从业人员实现自我价值的必要条件。工作岗位没有高低贵贱之分。干一行爱一行，爱一行钻一行。有很多人都在平凡的岗位上做出了不平凡的成绩，成就了不平凡的人生，就是源自对工作的尽职尽责、精益求精、锲而不舍。

（二）敬业意识是企业发展的根本保障

人才，是企业和社会发展最核心的要素。企业的正常运行，需要所有员工都能兢兢业业、恪尽职守地工作；企业的发展壮大，都需要大量具有敬业意识的员工。任何一个人的玩忽职守，都可能给企业带来不可估量的损失。当前，很多企业在招聘员工时，都把敬业意识作为最基本的用人原则。因为他们认识到，只要员工具备了敬业意识，那么他就能够时刻为企业的发展着想，就能够激发出积极向上的动力。即使专业技术暂时不够精湛，也会出于对工作的高度热情而迸发出勤奋学习、刻苦钻研的动力。

（三）敬业意识是培育社会主义职业道德的必由之路

敬业意识是社会主义职业道德最基本、最起码、最普通的要求。敬业的核心要求是严肃、认真、一心一意、精益求精、尽职尽责。实现中华民族伟大复兴的中国梦更需要每个人都在自己特定的岗位上，满怀强烈的责任心与使命感，勤奋敬业、拼搏奉献。

四、提升敬业意识的途径

具备敬业意识，担负主人翁的责任是每一位从业人员应该具备的职业素养，同时也是个体实现其社会价值的重要品质。因此，大学生在校学习期间，就要自觉提升敬业意识，具体可以从下列几个方面着手。

（一）树立职业理想，强化职业责任，遵守职业纪律，提高职业技能

1. 树立职业理想

职业理想贯穿于职业活动实践的始终，决定着从业者的基本劳动态度。树立正确的职业理想，不仅有助于正确地选择职业，明确职业发展方向，而且有助于学生在学习阶段，充分调动自身的积极性和主动性，最大限度地施展自身的才华，实现未来的职业生涯目标。大学生在树立职业理想时，要把个人志向、国家利益和社会需要有机地结合起来。

2. 强化职业责任

职业责任是指人们在一定职业活动中所承担的特定的职责，它包括人们应该做的工作和应该承担的义务。每一个从业人员，在本职工作岗位上都应该明确和认定自己的职业责任。充分发挥自身的潜力，增强职业责任的意识和能力。

3. 遵守职业纪律

自觉遵守职业纪律是履行岗位职责的前提条件。没有规矩，不成方圆，如果人们对职业纪律置之不理，就会出现有令不行、有章不循的现象，必然导致工作出现无序和混乱。因此，在工作中，只有人人自觉遵守工作的规章制度，照章办事，才能使各项工作井然有序，从而提高工作效率。

4. 提高职业技能

职业技能是大学生将来就业所需的技术和能力。职业技能不仅能在人们确立职业态度、明确职业理想的过程中起到积极作用，而且也是从业者实现职业理想的重要保障。大学生是否具备良好的职业技能是能否顺利就业的前提。大学生在校期间，不仅要习得一定的专业理论知识和技能，而且要能够达到某种岗位的技能要求，在就业市场上才有竞争力，也为尽快适应工作环境奠定基础。

（二）实现个人价值与集体发展的有机统一

当前，"90后""00后"大学生具有个性张扬、唯我独尊的鲜明群体特征。在工作中，他们思路敏捷、创新意识强烈，往往能够为企业的发展注入新鲜的活力。从企业发展的角度来看，员工在尊重个性、追求个人价值的同时，也要关注集体的利益，要站在企业整体利益的角度来处理问题。俗话说："大河有水小河满，大河无水小河干。"企业的发展壮大，要依靠每个员工的辛勤奉献。这就要求从业人员要自觉投身到企业的工作中，把工作当成一项事业来热爱和完成。

（三）爱一行钻一行

在现代社会里，职业分工虽然不同，但没有高低贵贱之分。因此，每个从业者都要对自己的职业和岗位保有热爱之情、钻研之志，只有这样才能从职场小白到行家里手，再到业界精英。

"爱一行"，就能做到全身心投入到工作，哪怕是平凡枯燥的岗位也乐在其中；"钻一行"，就能善于观察，用心思考，哪怕是平淡无奇的工作也会创造奇迹。

因此，不能单单把工作看成一种谋生手段，要以积极向上的态度对待工作，以热爱之情钻研工作，在自己所从事的职业领域竭尽所能地把技术学懂、弄通、做透，通过职场这个舞台实现职业理想和人生价值。

（四）塑造精益求精的工作态度

工作上追求更加完美，好了还求更好。对自己的工作要深入钻研、精益求精。仅仅完成自己的分内工作是对从业者最基本的要求，敬业意识更重要的是要充分发挥主观能动性，积极主动地深入钻研业务，具有创新意识和能力，以求取得更好的工作效果。当前，很多企业普遍建立了优胜劣汰的工作制度，企业也具有选择员工的自主权。一般企业都倾向于选择踏踏实实、精益求精的员工；敷衍了事、缺乏敬业意识的求职者会越来越没有立足之地。

（五）养成良好的工作习惯

千里之行，始于足下。对自己的工作要做到尽职尽责、恪尽职守。作为一名合格的职业人士，在工作中，不管做什么事都要敬业，做大事如此，做小事也是如此。一个人不管为谁工作都要敬业，为自己工作如此，为他人工作也是如此。因此，在很多世界 500 强的公司中，评价一个合格员工的标准就是有效地把敬业变成一种习惯。如果将敬业变成一种习惯，那么员工就会拥有一流的工作能力。要想成为一名有作为的员工，就应该具备强烈的敬业精神。让敬业成为工作中的一种习惯，这样才能让自己成为一个堂堂正正的职业人士。

第三章 创新能力的组成

第一节 创新的本质与意义

一、创新的概念与本质

"创新"一词源于著名的经济学家熊彼特的著作《经济发展理论》。这本书于1911年出版，标志着创新经济学的建立。熊彼特认为，创新不是单纯技术上的新发明、新创造，而是普遍应用在经济领域的概念。

创新在政治、经济、文化、商业、教育等各个领域中都占有非常重要的地位。创新意味着新思维、新方法、新角度、新发明和新描述。

广义上的创新包括创造新产品、创造新理论、创造新方法、创造新体制及开辟新市场等；狭义上的创新是指技术创新。

创新是个体为满足一定的需求，运用已知的信息和现有的条件，产生出新的、有价值的成果的思维和实践活动。它包括三层含义。

第一，创造新事物。新事物可以是有形的，如莱特兄弟发明的飞机。也可以是无形的，如爱因斯坦发现的相对论、阿基米德提出的杠杆原理。

第二，对旧事物的改良、更新。比如人们以前用来炒菜的铁锅，有一个缺点，就是容易生锈。后来人们改进了制铁工艺，制造了不锈钢铁锅；之后针对不锈钢铁锅的缺点，又制造了不粘锅。这种对已有事物的改良也是一种创新。

第三，对旧理念、旧习惯等的改变。比如为了满足现代年轻顾客的需求，设计师对传统的旗袍样式或用料进行改变，设计出现代版的改良款式旗袍；又如第一次从事某一项活动等，都属于一种创新。

创新的本质是突破。创新就是为了更好地发展和进步，冲破固有的模式，突破旧的思维定式，打破常规，去发现、发明新的具有社会价值和个人价值的新事物或新思想。

"新"是创新活动的核心要素，是突破的结果。

创新具有以下特征。

（一）创新具有社会性

创新主要是一种个体的创造过程。创新是社会的产物，它不是抽象的孤立存在，创新给社会和人类带来价值，必然具有社会性。创新的个体性不排斥社会性；相反，它需要得到社会的认可和支持。

（二）创新具有价值性

创新一定要具有价值，给社会和人类带来价值；没有价值甚至是带来价值破坏的不是创新。1999 年，大卫·史密斯发明了梅丽莎蠕虫，通过盗用的 AOL 账号大量传播。这个病毒造成了巨大的破坏：包括微软、英特尔、朗讯科技等大公司在内，美国共有 300 多家公司的网络遭感染，由于网络超载使他们不得不关闭邮件系统，因此造成的损失多达 8000 万美元。

（三）创新具有新颖性

新颖性是创新的主要特点。创新的核心是求新，是与众不同，是标新立异。没有超前意识，一味地崇拜权威，故步自封，跟随大流，就谈不上创新。

创新的新颖性包括 3 个层次。

1. 世界新颖性

创造出世界上前所未有的事物，如贝尔发明电话。

2. 局部新颖性

世界上某些地方有，但对某个地区来说是新的，或者大部分和传统一样，只是部分不一样，如新能源汽车。

3. 个体新颖性

只是对创造者个人来说，是前所未有的。

（四）创新具有个体性

创新的关键是创新者如何看待传统观念、权威意见和公认的常识。著名的思想大师怀海特把创新比喻为"思想的历险"，非常生动地表达了创新的个体性。思想主要是一种个体活动，创新主要是个体的创造过程，具有个体性。

（五）创新具有风险性

创新过程充满许多不确定性，可能成功，也可能失败。创新行为和成果可能得到承认，也可能受到质疑和批判，甚至受到人身侵害。

二、创新的形式与作用

（一）产品创新

产品创新是指通过技术改变现有产品。3D 打印机、超薄洗衣机、太阳能热水器等都是创新产品。

根据技术变化多少的程度，创新可分为重大产品创新和渐进产品创新。

（二）工艺创新

工艺创新是指在生产过程中应用新工艺、新装备和新的管理流程。例如，人们从大豆中提取润滑油代替石油，用玉米作为原材料制造环保的餐具。

（三）模式创新

模式创新是指改变通用的创造价值的方式，为企业开拓新的市场，提供新的价值。例如，网上销售相对于传统的销售就是一种模式创新。

（四）职能创新

职能创新是指在计划、组织、控制、协调等管理职能方面采用新的更有效的方法和手段。例如，企业采用新的奖励办法，学校改用新的测评学生学业的方式。

世界进入知识经济时代，信息技术不断发展，创新理论和创新实践得到越来越多人的重视。尤其是随着全球经济一体化的进程日益加快，创新日渐成为时代的发展符号。创新不仅成为一个国家经济发展的重要途径，也成为个人发展的有效手段。创新也是创业的基础，是创业的本质与源泉。

三、高职院校大学生创新的意义

在经济发展的新形势下，创新是高职院校大学生重要的教育目标之一。创新教育有利于高职院校大学生的长远发展。

（一）有利于职业生涯设计

许多高职院校大学生是在升入本科院校失利的情况下进入高职院校学习的。他们所选择的专业和未来职业生涯往往缺少清晰的规划，对于自己将来的职业发展和前途都缺乏坚定的信心。

创新教育和创新活动有助于高职院校大学生合理设计职业生涯。创新会开发他们的潜能，培养思考能力和实践能力，在创新的过程中他们会对自己的优势能力和发展方向有逐渐清晰的认识，从而能够更合理地规划未来的职业生涯。

（二）有利于提高就业能力

当今社会就业竞争激烈，有些高职院校大学生认为自己毕业后学历不高，没有高超的技术，缺乏竞争优势，不容易找到理想的工作，因此学习期间缺乏自信心和主动性，失去进步的动力。

高职院校大学生创新可以改变被动就业的消极心态，在创新过程中学会主动学习，养成敢想、敢试、能干、能闯的习惯，破除只有高学历才能就业好的旧观念。创新活动的开展一方面拓宽了就业渠道，另一方面也有效地增强了就业能力。

（三）有利于提高整体素质

高职院校大学生创新有利于提高其整体素质。我们要意识到创新不是一件高不可攀的事情。许多小改革、小发明，在生活和学习实践中都能做到，而这些不起眼的小创新很可能成就未来的大创新、大事业。

高职院校大学生的主要就业岗位是技术人员。现代社会发展需要大量的高素质技术人员，而我们国家目前这方面的人员非常匮乏。现代高素质技术人员应该具备 6 项关键技能，其中就包括自主学习能力和创新能力。

高职院校大学生创新能有效地提升学习能力和今后的工作能力，对性格发展也能起到良好的带动作用。

四、创新的意识与兴趣的激发

在科技飞速发展的今天，创新意识和创新能力已经成为一个国家是否具有国际竞争力的核心决定因素。创新意识推动了人们的思想解放，有利于人们形成开阔的思维方式、先进的思想观念。创新意识是创新发展的基本条件。

创新意识与兴趣能促进创造活动的成功，是促使人们积极追求新奇事物的一种心理倾向。强烈的创新意识与兴趣让人勇于创造条件，乐于适应环境，并对创新活动充满热情。古今中外许许多多的创新成功者，都是沿着创新意识与兴趣—创新活动—创新成功这三部曲走向辉煌的。高职院校大学生可以从以下几方面培养其创新的意识与兴趣。

（一）树立创新的信心

打破对高职院校大学生的传统偏见，从内心树立起自信心，要善于发现自身的优点和潜力。丢掉旧思想，勇于冲破藩篱，这是走向创新的第一步。

（二）培养自主学习的兴趣

宽泛的知识面是培育创新意识与兴趣的肥沃土壤。学习不仅仅局限于课堂，课外书、网络、电视节目、学习软件及与他人交流谈话中，只要有心，处处可以学到各种各样的知识。

（三）勇于质疑

古希腊著名科学家亚里士多德认为：物体的下落速度和它的重量成正比，物体越重，下落的速度就越快。几千年以来，人们始终把这个学说当成真理。但年轻的伽利略却对此提出了质疑，并进行了著名的比萨斜塔实验，推翻了亚里士多德的臆断。

高职院校大学生要富有怀疑精神，对司空见惯的现象也应在心里问："为什么是这样？""那样不行吗？""怎么是这样？"遇到不明白的问题，要打破砂锅问到底，弄明白事情的本源和实质。

（四）乐于实践

高职院校大学生年轻，有活力，要养成动手做事的好习惯；要善于把学到的课本知识运用到实践当中去：能不能把身边的某样东西改进一下，可不可以把某个活动换个形式进行一下。实践既会让人体会到理论的强大，也会让人发现现有理论的不足，从而催生创新。实践会带来意想不到的乐趣，也会进一步激发创新的意识与兴趣。

第二节　创新潜质与创新精神

一、在校大学生开展创新的特点与优势

高职院校大学生和千千万万本科院校的学生一样，都是国家创新创业的生力军。虽然

不是所有学生都适合创新创业，但树立良好的创新创业意识，锻炼自身的综合职业素质，经历创新创业的艰苦过程，会对大学生活和未来的职场生活产生深远的影响，帮助他们更好地自我成长，也有助于日后的就业选择并取得成功。

与普通高校学生相比，高职院校大学生开展的创新活动具有下列特点。

（一）创新动机往往与就业动机有关

高职院校大学生毕业后，选择直接就业的比率明显高于普通本科生，选择考研究生和出国留学的比率较低。谋求更好的工作机会、不甘心被动就业成了很多高职院校大学生创新活动的初始动机。

（二）服务型创新活动较多

由于高职院校的教育活动侧重培养实用型人才，教学内容一般不涉及带有前沿性、研究开发性质的高科技项目，学生的创新活动也偏重于服务型项目。这类创新项目也具有投资少、见效快的特点。

（三）创新活动带有较强的模仿性

高职院校大学生的创新活动大多是从模仿别人的项目开始，经过一个阶段后，逐渐步入真正的创新阶段。

（四）创新活动带有多样性的特点

高职院校大学生注重实际，容易接受变化结果，适应性也较强。当创新活动受到阻碍或者达不到创新结果时，他们往往选择更换创新项目，不断尝试新的创新途径。

（五）创新思想比较活跃

开展创新活动的高职院校大学生一般没有太多的思想包袱，想法比较单纯，也勇于实践自己的创新计划。他们本身承受的来自家庭和学校的期待值和压力都不大，这使他们开展创新活动时敢想敢做，创新思想活跃。

虽然社会普遍认为高职院校大学生在知识基础、自治能力等方面和本科院校学生相比具有一定劣势，但是其创新能力和成就正越来越多地为社会所认可。在创新创业方面，高职院校大学生具有很多优势：

1. 高职院校的课程设置有利于学生创新活动的开展；

2. 高职院校大学生的实践能力有利于开展创新活动；

3. 高职院校学生的务实思想使创新活动容易取得成果;

4. 高职院校学生的创新机会多。

二、创新人才的初步规划

所谓创新人才，是指具有创新意识、创新精神、创新思维、创新知识、创新能力并具有良好的创新人格，能够通过自己的创造性劳动取得创新成果，在某一领域、某一行业、某一工作上为社会发展和人类进步做出创新贡献的人。

当今的中国正处在发展的战略机遇期，国家迫切需要创新型人才，大力推进国家自主创新，实现中华民族伟大复兴的历史使命。大学生要顺应时代发展潮流，做有理想、有抱负的人，努力成为新时代创新型人才，为实现家国梦想而拼搏。

一般所说的创新型人才，就是具有创新精神和创新能力的人才。这类人才通常思想开放、头脑灵活、好奇心强，具有精力充沛、意志坚强、做事专注、想象力丰富及勇于冒险等性格特点。

创新型人才虽然有不同的类型，但都具备一些共同特点。

（一）具有良好的创新人格

创新型人才通常具有良好的道德修养，能够与他人合作或共处。

（二）具有扎实的创新知识

创新型人才在某一领域或某一方面具有广博而扎实的知识，有较高的专业水平，而且具有自我学习与探索的能力。创新型人才拥有的信息量越大，文化素养越高，思路便越开阔，也就越容易开展创新活动，并取得创新成功。

（三）具有可贵的创新品质

为求真知、求新知，有敢闯、敢试、敢冒风险的勇气是创新型人才不可或缺的强大精神动力。

（四）具有坚韧的创新意志

创新的过程充满各种阻力、困难、挫折，甚至失败。出身于山东农村的徐胜广，有着与别人不同的想法，他从上大学的时候就"不愿意打一辈子工"，想通过创业实现自己的理想。从大学二年级开始，他就热衷于发明创造，踏上了创业的路。虽然经历了无数次失败，但他从没有放弃过新的尝试和努力，屡败屡战，最终在 28 岁时拥有了三家公司。坚定的目标和态度成就了他"我要自己掌握自己的命运"的初心。

创新型人才需要有非凡的胆识和坚忍不拔的毅力，不断克服各种艰难困苦，坚持初心，不轻言放弃，才能取得创新成果。

（五）具有敏锐的创新洞察能力

创新型人才必须具有敏锐的观察能力、深刻的洞察能力、见微知著的直觉能力、一触即发的灵感和顿悟，只有善于将观察到的事物与已掌握的知识联系起来，发现事物之间的必然联系，才能及时地发现别人没有发现的东西。创新型人才的观察力同时还应当是准确的，能够入木三分，发现事物的本质，具有在平常中寻求不平常的创新观察能力。壶水沸腾使瓦特改良了蒸汽机，苹果落地使牛顿创立了"万有引力"学说，划破鲁班手指的野草细齿使他发明了锯子，这些都说明了敏锐的创新洞察能力在创新中的重要作用。

（六）具有科学的创新实践

创新的过程是依据事物的客观规律进行探索的过程，任何一种创新都不是凭空臆想的。创新型人才必须以科学的态度进行创新实践。山东省寿光的王乐义是冬暖式蔬菜大棚的发明人。他为了得到蔬菜大棚的最佳朝向，在当地连续两年使用罗盘观测光照情况，最后得出了当地大棚最佳朝向为南偏西 5°的科学论断。这种严谨、科学的创新实践态度，使他先后研发了立体种植、无土栽培等 20 多项蔬菜种植新技术，成为创新典范。仅有创新意识和创新能力还不能算是创新人才，创新人才首先是全面发展的人才；个性的自由、独立、发展是创新人才成长与发展的前提，模式化的人和被套以种种条条框框的人不可能成为创新型人才。

三、创新信心与勇气的激发

创新在于揭示自然界更深层的本质，发明更简单有效的产品，而自然界是纷繁复杂的，要追寻发现本质，探查出真相是非常困难的，经常会面临许多挫折、失败。另外，创新需要打破传统，有时要损害既得利益者，必然受到传统维护者和既得利益者的重重阻挠和反对。因此，创新过程充满许多不确定性，可能成功，也可能失败。创新行为和成果可能得到承认，也可能受到质疑和批判，甚至受到人身侵害。因此，任何创新都是有风险的，都有可能不成功的概率。要不断地保持创新能力，必须时时激发自己的创新勇气，培养自己的创新信心，具体应做到以下几点。

（一）不要给自己贴"标签"

有时候我们会说，"我英语学不好"或"我很胆小"或"我内心不够强大"，等等。这样会无形给自己贴上标签，而一旦标签内化为我们的一部分，它们就开始影响和操控我们。因此，要培养自己的创新信心，激发创新勇气，必须做到不要给自己贴"标签"。

（二）建立一种习惯

拥有勇气并不意味着全然消灭恐惧。认为勇气和恐惧不能并存的想法是错误的。事实上，恐惧不可能根除。那些非常有勇气的人，内心也会有恐惧，只是他们能不断地激励自己勇往直前，去采取行动。在很害怕的情况下，采取行动，也会让你变得更有勇气。你越是勤奋地练习使用勇气，就越会拥有更多的勇气。在面临威胁和挑战时，采取行动一旦成为习惯，你就会向解决问题的方向迈进了一步。

（三）让你的身体做领路人

第一次面临某项未知的挑战时，采取行动对任何人来说恐怕都非常艰难。例如，第一次当众上台讲话，第一次坐过山车，第一次做饭。在这些情况下，你一定不要犹豫，也不要用"头脑"分析。因为你在原地待的时间越长，眼前的事情做起来就越困难——"头脑"已经开始喋喋不休地编造各种故事来恐吓你。无论眼前的挑战来自精神还是身体，你都可以让身体作为领路人，要么直接采取针对性的行动，要么通过感受、调动和增强身体的能量来缓解精神的紧张，这些都可以很好地解决问题。

（四）记录勇气清单

无论是在生活中，还是在工作中，勇气都会有一个不断增长的过程。你需要把自己曾经体验到的各种充满勇气的时刻记录下来，每当你超出自己想象并成功采取行动时，都需要记录下来。某些时刻，你可能觉得理所当然，因为并没有认出来那个时刻的你所表现的正是勇气，尽管你当时仅仅是做了必须去做的事情。当你面对这份不断增加长度的勇气清单时，你就会发现所有成功做到的事情其实都遵循同样的模式。

（五）让勇气扩散

如果你想要过一种充满激情的生活，你就必须学会让勇气扩散。通过记录勇气，就会不断使自己深受激励，将来遇到和以往不同的陌生情境，要坚信再次接受挑战也一定会取得成功。只有这样，你才能让自己的勇气扩散开来，并有意识地在生活或工作的各个领域更多地应用这份勇气。

四、创新意志品质的培养

成为创新型人才，除先天禀赋外，自身的后天努力具有不可替代的重要作用，因此，青年人要不断培养自己的创新意志品质。创新意志品质是指人们在接受创新能力培养过程中发自内在的科学创新意识。它是指人们根据社会和个体生活发展的需要，引起创造前所未有的事物或观念的动机，并在创造活动中表现出的意向、愿望和设想。创新意识反映了人们对创新的认知和态度，也是进行创新活动的精神态势，可以激励人们发挥自己的潜在能力，是一种重要的精神力量。

（二）创新意志品质的构成

创新意志品质的构成包括创新动机、创新兴趣、创新情感和创新意志。

1. 创新动机

创新动机是创新活动的动力因素，它能推动和激励人们不断发动和维持创新活动。一旦创新动机引发出创新活动，它就能使人们表现出极大的积极性，进行持久的创新活动。明确而强烈的创新动机，是创新意识激发起创新活动并最终取得创新成功的重要条件。

2. 创新兴趣

创新兴趣能促进创新活动的成功，是促使人们积极探究新奇事物的心理倾向。创新兴趣可以让人勇于接受创新条件，乐于适应环境，并对创新活动充满热情。古今中外，许多创新成功者都是沿着创新兴趣—创新活动—创新成功的步骤一路走来的。

3. 创新情感

创新情感是引起、推进乃至完成创新的心理因素。人类世界的一切有效的变革没有积极的、富于个性的、情感的参与就不会获得真正意义上的成功。只有具有正确的创新情感，才能使创新取得成功。

4. 创新意志

创新意志是在创新中克服困难，冲破阻碍的心理因素，创新意志具有目的性、顽强性和自制性。

（二）创新意志品质的培养

1. 培养求知欲

"学而创，创而学"，这是创新的根本途径。大学生要具备勤奋、求知的精神，不断地学习新知识，在自主创新中发挥主力军作用。

2. 培养好奇心

将蒙昧时期的好奇心向求知时期的好奇心转化，这是坚持、发展好奇心的重要环节。要对自己接触到的现象保持旺盛的好奇心，要敢于在新奇的现象面前提出问题，不要怕问题简单，不要怕被人耻笑。

3. 培养创造欲

不满足于现成的思想、观点、方法，要经常思考如何在原有基础上创新发明、推陈出新，经常思考：能否换个角度看问题？有没有更简捷有效的方法和途径？

4. 培养质疑力

"学起于思，思源于疑。"有疑问才能促使学生去思考，去探索，去创新。因此，大学生要大胆质疑，提出多种解决问题的方案及最佳方法。从多角度培养自己的思维能力，激励自己创新。大学生要勇于提问，大胆提出问题是培养创新意识的重要途径。提出问题是取得知识的先导，只有提出问题，才能解决问题。一定要以锐不可当的开拓精神，树立和提高自己的自信心。既要尊重名人和权威，虚心学习他们的丰富知识经验，又要敢于超过他们，在他们已进行的创造性劳动的基础上进行新的创造。

第三节　创新思维

一、创新思维概念和特征

（一）思维与创新思维

思维是人类从社会实践中产生的一种特有的精神活动，是人类借助语言或者其他媒介对客观事物的概括和间接的反应过程。思维以感知为基础又超越感知的界限。它探索与发现事物的内部本质联系和规律性，是认识过程的高级阶段。思维是人类获取知识及运用知识求解问题的根本途径，帮助人类在自然界的竞争中脱颖而出，并能靠着思维不断探索、利用自然。

创新思维是指以新颖独特的方法解决问题的思维过程，通常能突破常规思维，以超常规甚至反常规的方法、视角去思考问题，提出独特的问题解决方案，从而产生新颖的、独特的、有社会意义的思维成果。

(二) 创新思维的特征

1. 联想性

事物之间联系的必然性是联想的客观基础，联想是将表面看来互不相干的事物联系起来，从而达到创新的效果。如我们常说的由此及彼、举一反三、触类旁通。联想是创新者在创新思考时经常使用的方法，通过积极寻找事物之间的一一对应关系，有意识地将这种方法运用于创新思维过程中。

有一则公益广告如下：

"如果人类不从现在开始节约水源，保护环境，人类看到的最后一滴水将是自己的眼泪。"

这则公益广告运用了联想性思维，巧妙地表达了不断减少的水资源与人类的眼泪之间的联动关系，发人深省：当最后一滴水是我们自己的眼泪的时候，我们该如何面对。对当今生态文明建设提出了严峻的拷问，这则公益广告正体现了联想性思维的魅力。

2. 独特性

创新思维的独特性在创新活动过程中，尤其在初期阶段特别明显。它要求人们必须有与众不同的风格和别具一格的方法。世界著名作曲家莫扎特年少时曾师从伟大的作曲家海顿。有一次，莫扎特写了一个曲子给老师，并预言老师弹奏不了，海顿开始自信地弹奏了一段时间说："这怎么可能？两手分别在钢琴两端弹奏的时候，怎么会有一个音符出现在键盘中间？"莫扎特此时说："老师您看。"只见他遇到键盘中间出现的音符时，便俯下身，用鼻子弹了出来。莫扎特这一动作让海顿大吃一惊，同时也为莫扎特的创新思维感到非常自豪。莫扎特后来之所以能成为大师，与他这种思维的独特性是密不可分的。

3. 多维性

多维性思维是一种开放性思维。其过程是从某一点出发，任意发散，既无一定方向，也无一定范围，从多角度、多层次寻找问题解决的方案。众所周知，人的行动可能会受到各种条件的限制，而人的思维活动却是灵活多变、多维发散的。这就要求人们开阔视野、转换思路，在思维领域展示世界的多样性。

4. 批判性

批判性是指人们在思维过程中，打破固有的经验、传统观念和权威的束缚，换个角度看风景，做到不唯书，不唯上，只为实。人类历史是一部"正确"和"错误"共同编织的历史，科学技术上的很多革新都是批判性思维的结晶。

二、常见的创新思维障碍

人的思维通常会沿着一定方向和一定次序，并由此形成思维惯性，即会在遇到类似问题时产生一种思维惯性，这就形成了固定的思维模式，叫作思维定式，而思维障碍是思维惯性和思维定式二者的结合，是创新过程中的绊脚石和拦路虎，因此要进行创新思维，首先必须突破思维障碍。常见的创新思维障碍有以下几种类型。

（一）定式思维

定式思维对于创造性地解决问题是一种障碍，它使人思路阻塞，难以爆发出创新的思想火花。定式思维的表现形式主要包括以下几种。

1. 从众思维

实验证明，从众心理是部分个体普遍存在的心理现象。人们在创新思维过程中，往往受到外界人群行为的影响，使自己的知觉、判断、认识上自觉表现出符合公众舆论或多数人的行为方式。

2. 权威思维

人们在长期的学习和生活中逐渐养成了对权威包括领导、长辈、专家、书本等的尊重甚至崇拜，不敢怀疑权威的理论或观点，由此成为创新思维的障碍。权威的意见应当批判性地看待，不为权威的意见所束缚和限制，才能取得成功。

诺贝尔物理学奖的获得者、美国物理学家温伯格曾经说过，不要安于书本上的答案，要勇于尝试下一步，尝试发现是否有与书本上不同的东西。

3. 惯性思维

生活中，人们习惯于按照已有的被反复证明有效的经验和模式来思考和行事，有时确实能节约时间，减少投入。但是创新思维过程中，多数情况下惯性思维是有害的，能使我们陷入惯性思维的陷阱。

4. 线性思维

人们由于受经验的影响，在解决问题时往往用"一是一，二是二"的直线性思维去解决问题，这种思维让人们不敢从侧面、反面或迂回地来思考，最终难免陷入思维的误区。

（二）偏见思维

偏见就是根据头脑中已有的见解来观察和认识事物。偏见种类有很多，主要有以下几种。

1. 经验偏见

经验是一把双刃剑：既可以使我们少走弯路，提高效率，又可能因为对经验的夸大和过分依赖以致衍生偏见。因此，在创新思维过程中，切忌机械地照搬经验，要克服经验偏见。

《伊索寓言》中有一个故事，有只驴子驮着盐过河。它的脚一滑，跌倒在河水中，它站起来时顿感身上轻松了许多，因为盐在水中都溶化了。它很高兴。后来有一天，它又驮着海绵过河，想到之前的经验，跌倒在水里再站起来定会更轻松。于是，它故意地跌倒在河里，但是它没想到海绵是吸水的，吸过水的海绵沉重地压在身上，导致驴子再也没能站起来，最后淹死在河里。

故事中驴子的悲剧就在于机械地照搬了经验，忽略了事物之间的差异性，结果聪明反被聪明误，酿成悲剧。

2. 文化偏见

文化偏见是指人们在看待事物时打上习俗、文化等烙印而产生的偏见。这是由于人们往往受到所处环境长期积淀的文化影响。文化偏见会导致在思维过程中影响对事物的客观评价，不利于问题解决。因此，克服文化偏见才能够实现创新。

海尔集团的对开门冰箱就是一个成功的例子。它的设计基于美国用户的饮食文化，拥有超大的横向空间，能存放圆形大比萨；同时考虑到西方人经常要用到冰块，该冰箱还具有快速制冰功能和专门空间。正是因为海尔的研发团队克服了美国的文化偏见，实现了海尔冰箱在美国本土化的成功。

3. 位置偏见

位置偏见也就是"思不出其位"。它是因为所处的物理位置的不同而导致意识的微妙的偏离。"盲人摸象"就是由于存在位置偏见。现实生活中，人们所处的位置、不同的年龄阶段、不同的学历层次、不同的生活环境等都会对同样的事物产生完全不同的感受和认知。例如，在企业里，老板总抱怨员工磨洋工，办事效率低下；而员工总抱怨老板给的工资待遇低，经常加班，老板不体谅员工。这其实就是老板和员工所处的位置不同而导致的位置偏见。

三、创新思维方法的应用

常见的创新思维包括发散思维、聚合思维、联想思维、逆向思维、侧向思维、互联网思维。

（一）发散思维

发散思维，又称扩散思维、求异思维、辐射思维或放射思维，是指大脑在思维时从一个研究或思考对象出发，从一点联想到多点，呈现出多维发散状，产生的由此及彼的多项创新成果。如使用"一题多解""一事多写""一物多用"等方式，培养发散思维能力。不少心理学家认为，发散思维是创造思维最主要的方法，是测定创造力的主要标志之一。发散思维举例如图 3-1 所示。

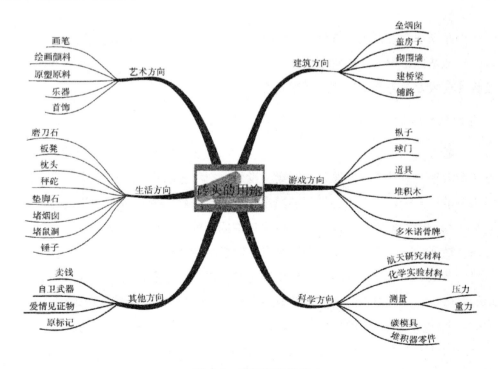

图 3-1　发散思维举例

1. 发散思维的特征

（1）多感官性

发散思维除了运用视觉思维和听觉思维，也要充分利用其他感官来接收、加工信息。发散思维还与情绪和情感有密切关系。如果能够促使思维者激发兴趣，产生激情，把信息感性化，赋予信息以感情色彩，会提高发散思维的速度与效果。

（2）独特性

独特性是指人们在发散思维中表现出与众不同的新奇反应能力。

独特性是发散思维的最高目标。

（3）变通性

变通性就是打破人们头脑中原有的、僵化的思维框架，按照某个新的角度和方向来思考问题的过程。

变通性反映发散思维的多面性和多样性。

变通性需要借助横向类比、纵向类比、跨域转化，不墨守成规，能随机应变，使发散思维从不同的角度和方向扩散。

（4）流畅性

流畅性是指观念的自由发挥，在尽可能短的时间内生成并表达出尽可能多的思维观念，并能够较快地适应、消化新的思想概念。

流畅性反映发散思维的速度和数量特征。

2. 发散思维的方法

（1）一般方法

方法发散法——以某种方法为发散点，设想出利用方法的各种可能性。

因果发散法——以某个事物发展的结果为发散点，推测出造成该结果的各种原因，或者以某个事物发展的原因为发散点，推测出该原因可能产生的各种结果。

形态发散法——以事物的形态为发散点，设想出利用某种形态的各种可能性。

材料发散法——以某个物品的"材料"为发散点，想象出它的多种多样的用途。

功能发散法——以事物的功能为发散点，想象出获得该功能的各种可能性。

结构发散法——从事物的结构出发，设想出利用该结构的各种可能性。

组合发散法——以某事物为发散点，尽可能多地把它与别的事物进行组合，形成新事物。

例如：在课堂上，老师要求同学们尽可能地想象"△"和什么东西相似或相近。

同学们汇总了各种和"△"相似或相近的东西：峭石、山峰、堡垒、城门、喷水池、尼龙秋棚、坟墓、萌芽、乌篷船、枪洞、子弹头、海上日出、插秧、盾牌……

（2）集体发散思维

发散思维不是一个人的事情，还可以充分利用周围的无限资源，采用头脑风暴方法，发挥集体的力量，集思广益。

（3）假设推测法

假设的问题不论是任意选取的，还是有所限定的，所涉及的都应当是与事实相反的情况，是暂时不可能或现实不存在的事物对象和状态。由假设推测法得出的观念大多可能是不切实际的，甚至是荒谬的、不可行的，但是重要的是有些观念经过转换后，可能成为合理的有用的思想。

（二）聚合思维

聚合思维又叫收敛思维或求同思维，是将广阔的思路汇聚起来进行分析、整合，最终形成创新方法的思维方式。重要的是从众多可能性的结果中迅速做出判断，得出结论。

以下问题的解决就是运用了聚合思维：

● 鸽子、蝴蝶、蜜蜂与苍蝇有什么相同之处？

● 请写出海水与江水的共同之处，越多越好。

● 请说出家中既发光又发热的东西，找出它们的共同点。

聚合思维和发散思维是统一的。创造性的产物往往是发散思维和聚合思维共同发挥作用的结果。从这个意义上讲，发散思维是聚合思维的基础，而聚合思维是发散思维的出发点和归宿，因此，聚合思维是创新思维的重要组成部分。

1. 聚合思维的特性

（1）连续性

发散思维是一种跳跃式的思维方式，是从一个设想到另一个设想，具有间断性；而聚合思维要求环环相扣，条理性较强，具有连续性。

（2）求实性

发散思维因其具有的开放性，产生的众多设想或方案多数都是不成熟的、不实际的。我们必须对发散思维的结果进行有效筛选；而在聚合思维过程中，由于按照实用的标准及较强的条理，是切实可行的，因此，聚合思维表现出很强的求实性。

（3）封闭性

发散思维是从一个点出发产生多维的结果，具有开放性；而聚合思维则是把发散思维的多维结果聚集起来，选择一个合理的答案，具有封闭性。

2. 聚合思维的方法

（1）聚焦法

聚合思维在解决问题的特定指向上反复思考，必要时甚至可以停顿下来，使原有的思维浓缩聚焦，形成思维的纵向深度，由量变产生质的飞跃，顺利解决问题。

（2）目标确定法

通常我们遇到的大量问题都比较明确，只要采用适当的方法，很容易找到解决问题的突破口。但是面对那些不是非常明确的问题，就需要我们准确定位，确定寻求的目标，认真收集和掌握与思维目标有关的信息，围绕目标进行聚合思维。

（3）求异思维法

寻找一个唯一条件，这个条件导致一个现象在不同场合出现的情况不同。寻找这一条件的过程，就是求异思维法。

（4）求同思维法

寻找一个唯一条件，这个条件导致一个现象在不同场合反复发生。寻找这一条件的过程，就是求同思维法。

隐形飞机的制造就是一个多目标聚焦的结果。这种使敌方雷达监测不到的飞机，分别需要做到雷达隐身、红外隐身、可见光隐身、声波隐身等多个目标，同时每个目标中还细分为许多小目标，最终聚焦制成隐形飞机。

3. 聚合思维的培养

聚合思维的培养步骤与方法如下。

（1）收集信息

收集信息是聚合思维的前提，为此应当采取各种方法，收集和掌握与思维目标有关的信息，且多多益善，这样才有可能得出正确结论。

（2）信息整理和筛选

信息整理和筛选是聚合思维的关键步骤。对所收集的各种信息进行分析，识别出它们与思维目标的关联程度，保留重要信息，淘汰无关或关系不大的信息。经过整理和筛选后，还要对各种相关信息进行抽象、概括、比较、归纳，从而找出共同的特性和本质的方面。

（3）得出科学结论，获得思维目标

实践是检验真理的唯一标准，结论的得出应当遵循事物的客观性，最终得出科学、正确的思维目标。

（三）联想思维

联想思维简称联想，是一种由一个事物的表象、语词、动作或特征联想到其他事物的表象、语词、动作或特征的思维活动。这是一种没有固定思维方向的自由思维活动，人们常说的"由此及彼""由表及里""举一反三"等就是联想思维的体现。

联想思维的主要形式包括幻想、玄想、空想。其中，幻想，尤其是科学幻想，在人们的创造活动中具有重要的作用。

1. 联想思维的特性

（1）形象性

联想思维基本的思维操作单元是表象，是形象思维的具体化，是一幅幅的画面。因此，联想思维具有鲜明的形象，十分生动。

（2）概括性

联想思维不计较细节如何，快速把联想到的思维结果呈现出来，是一种整体把握的思维操作活动，具有很强的概括性。

（3）连续性

联想思维的主要特征是由此及彼，连续地进行；联想链可以是直接的，也可以是迂回曲折的，而链的两端可以是毫不相干的两个事物。

（4）目的性和方向性

联想思维是从一定的思考对象和思考方向出发，有目的地、有方向地联想其他事物。

2. 联想思维的方法

事物联系的普遍性是联想思维的基础，自然界的万事万物皆存在某种内在的联系，从中发现互通的东西。根据联想思维产生的目的性，可以把联想思维分为以下两种。

（1）自由联想法

自由联想法是在自由奔放的情况下开展的一种积极主动的联想，具有探索性。例如，提及"高速列车"一词，就可以联想到轻轨、车头、车身与安全性能等，还可以联想到高速列车的原理、行驶的速度以及如何减少阻力实现高速运行等。研究表明，自由联想越丰富的人，越有可能成功创新。

（2）强迫联想法

与自由联想法不同，强迫联想法是要求对随意看到的两个产品进行联想，是否能构成一种新事物。

3. 联想思维的培养

联想思维是建立在事物联系的普遍性基础上，进行的广泛联系、浮想联翩的思维过程。

联想思维的培养主要包括：广泛联系、想象、预示，启发、提示、类推。

（1）广泛联系

广泛联系是指充分利用事物联系的普遍性，从多角度、多层次、多方面出发，采用外在联系和内在联系、横向联系和纵向联系。实事求是，为联想思维的顺利开展铺平道路。

（2）想象、预示

想象是从一个点出发，借助一定的媒介和条件，对暂时没有出现而以后可能出现的事物或者现象进行联想；预示则是对未来的事物和现象进行推测。

想象和预示是联想思维的支撑，只有把握事物内在联系，才能顺利展开想象和做出积极准确的预示。

（3）启发、提示

提示的作用是揭示联想的突破口，可以是重点、难点或者转化点。应当引导学生及时转换思维角色，缩小他们脑海中的印象与事物、现象的差距，消除思维障碍，使他们在多视角的思考中，把握事物、现象之间的联系，并将信息进行梳理和整合，将联想思维推向一定的深度。

（4）类推

类推的重点在于举一反三、触类旁通，在充分认识事物的基本概念的基础上，类推揭示相似或相反概念的事物，寻求基本概念和一般的具体概念之间的一致性。类推是联想思维产生的重要手段。

相传鲁班在看到工人们大汗淋漓地砍树时，产生了思考：能不能有一种工具可以轻易地把树截断呢？

有一天，他在走一段陡峭的山路时，脚下一滑，他立刻抓住了路旁的一丛茅草，手被草划破，渗出了鲜血，鲁班很好奇："为什么小草还能割破手呢？"带着这个疑问他开始观察草叶，发现草叶上长着很多锋利的小齿。他试着用这些小齿在手上一划，果然又划开了一道口子。他想能不能利用这一原理，发明一个铁质的工具，岂不是可以轻易地砍树了呢？根据这一想法，鲁班制成了人类历史上第一根锯条。

鲁班正是利用了两个事物之间的联系，从茅草割手联想到铁质锯条来砍树，二者的共同点是可以割。

（四）逆向思维

逆向思维也叫求异思维，是对司空见惯的或似乎已成定论的事物或观点反面来思考的一种思维方式。逆向思维敢于"反其道而思之"，让思维向对立面的方向发展，从问题的反面入手，深入地进行探索，树立新思想，创立新形象。

逆向思维并不是漫无目的、不受限制的胡思乱想，而是关注小概率可能性的思维。逆向思维是发现问题、分析问题和解决问题的重要手段，它有助于人们打破惯性思维和思维定式，从而找到解决问题的办法。

1. 逆向思维的特征

（1）新颖性

循规蹈矩的思维容易使思维僵化、刻板，得到的往往是一些司空见惯的答案。逆向思维从反面来思考问题，往往得出的结论会给人耳目一新的感觉。

（2）普遍性

逆向思维在各种领域中都有适用性。对立统一规律是普遍适用的，正因为有多种多样的对立统一的形式，因此就会对应着多种多样的逆向思维。

（3）批判性

逆向思维对常规做法"反其道而行之"。这是逆向思维最重要的特点，它能够克服思维定式，破除由经验和习惯造成的僵化、刻板的认识模式。

2. 逆向思维的方法

（1）转换逆向思维法

转换逆向思维法是指在研究一个问题时，另辟蹊径，不拘泥于当前受阻的手段和途径，转换角度，以便顺利地解决问题的思维方法。司马光砸缸的故事就利用了转换逆向思维法，既然不能到缸里去救人，那就把缸砸碎，手段的转换顺利地解决了问题。

（2）缺点逆向思维法

这种方法不是克服和躲避事物的缺点，而是利用事物的缺点，化被动为主动，化不利为有利，找到解决方法。例如，臭豆腐的发现就是利用了豆腐会发臭，但是发臭后却有着别样的口感，无疑是缺点逆向思维法的一种应用。

（3）反转逆向思维法

反转逆向思维法是指从已知事物的功能、因果关系、结构等方面向相反方向进行思考，产生发明构思的途径。例如，电锯机的发明就是利用反转逆向思维法的产物，实现了从之前木头不动而锯子动，到反过来木头动而锯子不动。

3. 逆向思维的培养

逆向思维是训练一种小概率思维模式，不是注重人们不受限制地胡思乱想，而是关注小概率可能性。逆向思维是决策思维的重要方式，有助于克服思维定式的局限性，是解决问题的重要手段。

现实中有很多问题需要我们用逆向思维来解决。例如，市场上出售的无烟煎鱼锅，就是把原有煎鱼锅的热源，从锅的下面安装到锅的上面。这是利用逆向思维对结构进行反向思考的产物。因此，我们应该多注意观察，平时可以做一些逆向思维的游戏，以提升自己这方面的能力，以便遇到问题时，能够想出更好的解决方法。

某时装店的员工不小心在一条高档裙子上烧了一个洞。情急之中，这个员工脑子一转，干脆在小洞的周围又挖了许多小洞，并精心修饰了一番，将其命名为"凤尾裙"。没想到，一个经过修饰的满是破洞的凤尾裙却收到了消费者的青睐，并由此开辟了"凤尾裙"的销路。

凤尾裙的例子说明了逆向思维带来了可观的经济效益。无跟袜的诞生与"凤尾裙"异曲同工：袜跟容易穿破，一旦袜跟穿破一双袜子就毁了，商家运用逆向思维制成没有袜跟的"无跟袜"，创造了良好的商机。

（五）侧向思维

侧向思维是发散思维的一种形式，又称"旁通思维"。它是指从其他角度、新的思路得到启发而找到问题解决办法的创新思维方式。侧向思维的要义在于"他山之石，可以攻玉"，借助其他领域的信息、知识、经验，从侧面迂回地解决问题。侧向思维是利用事物之间的相互关联性，运用常人始料不及的思路达到预定的目标。侧向思维要求思维的主体头脑灵活，善于另辟蹊径。

圆珠笔刚刚在日本造出时，困扰厂家的最大问题就是书写一阵后会因圆珠磨损而漏油。有的工程师从改进油墨性能入手，有的工程师从改进圆珠质量入手，无论哪种方法都没能解决圆珠笔漏油问题。渡边是东京山地笔厂的一个普通工人，他发现4岁的女儿用圆珠笔时，每次用到快漏油时就丢弃不用。这一现象启发了善于思考的渡边，他想：何不将笔芯做得短一些，以致不等到圆珠笔漏油时，油就用完了。圆珠笔漏油的难题就此解决了。

世间万物都是彼此联系的，从别的领域得到的启发和思路，可以打破原有思维定式的束缚，另辟蹊径，从而顺利地解决问题。

1. 侧向思维方法

（1）侧向转换

侧向转换是指将问题转换成为它侧面的其他问题，或将解决问题的手段转为侧面的其他手段，而不是按常规直接地解决问题。

（2）侧向移入

侧向移入是解决技术难题或进行产品创新的最基本的思维方式。它是跳出本领域的惯性思维，侧视其他方向和角度；或者直接移植其他领域成熟的技术、原理加以利用；或者从其他事物的特征和原理得到启发，进行创新设想。其应用广泛，如威尔逊根据大雾中抛石子的现象，设计了云雾器；格拉塞观察啤酒冒泡提出了气泡室的设想等，这些都是从其他领域进行借鉴并创新发明的成功体现。

（3）侧向移出

侧向移出与侧向移入相反，是一种立足于跳出本领域，克服线性思维的思考方式。它是指将现有的设想、已取得的发明、已有的技术和产品，从现有的使用领域、使用对象中摆脱出来，将其外推到其他意想不到的领域或对象上。

2. 侧向思维的培养

善于观察是侧向思维的重要基础。观察时除了要注意研究对象，还要间接注意那些具有偶然性或者出乎意料的现象，这些很有可能就是侧向思维的重要线索。

（1）辩证地看待事物的侧重点

侧向思维要求即使方向是明显正向的，也要注重那些次要的、配角的、不起眼的角度。这其实是一种强弱的辩证，我们应当意识到，次要也会转为重要，配角也会转为主角，不起眼也会转为起眼。

（2）善于"迂回"地思考

拿破仑有一句名言："我从来不正面攻击一个可以迂回的阵地。"侧向思维往往需要强制自己拐弯抹角地进行思考。能不能养成迂回思考的习惯，是有效进行侧向思维和解决问题的关键。

（六）互联网思维

互联网思维，是伴随时代发展而产生的一种新的思维方式，它是在移动"互联网+"、大数据、云计算等科技不断发展的背景下，对产品、用户、市场、企业价值链乃至对整个商业生态进行重新审视的思维方式。

最早提出互联网思维的是百度公司创始人李彦宏。李彦宏在百度的一个大型活动中，与传统产业的老板、企业家探讨发展问题时，首次提到了"互联网思维"这个词。他认为，即使你做的事情不是互联网，但是今后你的思维方式一定要从互联网的角度去想问题。互联网思维分为 3 个层级。

层级一：数字化——互联网是终端设备，可以降低成本，提高效率。

层级二：互联网化——利用互联网改变运营流程，如网络营销。

层级三：互联网思维——用互联网主动去融合传统的实体产业。

互联网思维的特征如下。

1. 快速

运用互联网思维的企业，能使企业迅速抓住机遇，掌握竞争的主动权。具体表现为：决策快速，产品更新换代快速，创新快速，组织变革快速及具有快速的市场反应能力。

2. 用户至上、口碑效应

互联网经济崇尚"用户就是上帝"。互联网不同于传统企业，很多服务不但不需要付费，而且追求很高的质量。商业模式汇聚了海量用户，带来了口碑传播，取得了成功。

3. 开放性

运用互联网思维的企业都具有开放性。开放的最终目的就是有效地整合内外部资源，提高企业竞争优势。开放是互联网思维的重要特征。

4. 创新性

创新是互联网思维的重要内容，包括产品的创新、技术的创新，更多的还包括服务模式的创新、体制（或机制）的创新、文化的创新和商业模式的创新，更重要的是观念的创新。只有创新，才能提高企业竞争力，才能实现企业的持续发展。

互联网思维强调开放、共享。要想在复杂的环境中取得成功，顺利地开展创新思维，就要把握互联网思维的精髓和本质，有平台思维和专注精神。只有这样，才能有效地解决问题，提升自己的创新思维能力。

第四节　创新方法

一、组合创造法

（一）组合创造法概述

组合创造法是指按照一定的技术原理或功能目的，将两个或多个元素进行组合或重新安排而得到的新技术、新工艺、新产品、新材料的创新方法。组合创造法是常见的创新方法。目前，大多数创新的成果是通过这种方法取得的。

（二）组合创造法的实施步骤与实践应用

组合创造法将多种因素通过建立某种关系组合在一起从而形成组合优势的方法。

第一步，确定要组合的因素。

第二步，确定按照何种关系组织在一起。

第三步，预期达到何种程度的效果。

1. 功能组合

功能组合是把不同物品的不同功能、不同用途组合到一个新的物品上，使之具有多种功能和用途。

例如：带橡皮头的铅笔，是铅笔的书写和橡皮的改写功能的组合；按摩椅就是按摩功能和椅子功能的组合；瑞士军刀是多种工具功能的组合；磁性水杯是保健功能和水杯本身盛水功能的组合。

2. 意义组合

组合功能不变，但组合之后赋予了新的意义。

例如：把奥运会吉祥物印在邮票上生成纪念邮票；一本著作有了作者的亲笔签名，意义会有新的改变。

3. 构造组合

把两种事物组合在一起，它便有了新的结构并产生新的实用功能。

例如：房屋与汽车组合产生房车，不仅可以作为交通工具，还可以作为居住的场所。

4. 成分组合

将两种不同成分的物质组合在一起，构成了一种新的产品。

例如：柠檬和红茶组合在一起变成柠檬茶；调酒师将各种不同成分的酒组合，调制成鸡尾酒。

5. 同类组合

把原理和结构相同的两种物品组合在一起，产生一种新产品。

例如：将两个或多个圆珠笔组合在一起，构成双色或多色圆珠笔；将几个相同的衣服架组合在一起，构成一个多层挂衣架；两只手表组合，成为情侣表。

（三）组合创造法使用技巧与方法

爱因斯坦说，找出已知装备的新组合的人就是发明家。任何一项新技术、新装置的发明，都是在已有的基础上组合而成的；构成每项创新产品的多个组成部分，至少部分零件是前人发明的。因此，可以通过一定的组合方式，创造出全新的系统。在使用组合创造法时需要注意以下问题。

1. 选择组合的构件数量要适量

构件越多，组合的难度就越大，消耗的时间和精力也就越多。

2. 组合产品的功能不宜太多

组合可以使新产品具有多用途、多功能，但不是功能越多越好。过于追求万能，不仅增加成本，制造麻烦，而且会造成功能多余。

3. 组合部件差异性适中

组合部件的功能交集越少，构成新产品的创造性就越强。

二、列举法

（一）列举法概述

列举法是在美国内布拉斯加大学教授克劳福特 1954 年所创造的属性列举法的基础上，

形成的运用发散性思维来克服思维定式的一种创新方法。列举法运用分解和分析的方法将革新对象的特点，借助对一具体事物的特定对象（如特点、优缺点等）从逻辑上进行分析，并将其本质内容一一罗列出来，再针对列出的项目进一步提出改进措施而最终形成的独创性设想。

分解是指将研究对象分成若干互不重叠的部分。分解可分为物体分解、程序分解和目标分解等。

分析是指将革新对象的属性从研究对象中分离出来。分析可分为属性分析、优点分析、缺点分析、希望点分析等。

按照分析对象的不同，列举法可分为属性列举法、希望点列举法、优点列举法、缺点列举法等。

（二）列举法的实施步骤与实践应用

1. 属性列举法

属性列举法是指通过对革新对象进行观察分析，列举出该对象的各种不同的特征或属性，然后确定改进的方向，以及实施措施的创新思维方法。

属性列举法主要强调在创造过程中观察和分析事物的属性并进行联想，然后针对每一项属性提出可能改进的方法，或改变某些特质，如大小、形状、颜色等，使产品产生新的用途。

属性列举法可分为 4 个步骤。

第一，确定目标明确的创意对象。

第二，将创意对象的特征或属性一一列举出来，如物理特性、化学特性、结构特性、功能特性、形态特性等。

第三，从实际需要出发，对所列举的属性进行分析，通过与其他事物进行对比，利用替代方法对原属性进行改造，引出具有独创性的方案。

第四，提出改进方案并对新方案进行评价讨论。

属性列举法是一种创意思维策略。它强调人们在创造的过程中，先观察和分析事物或问题的属性特征，然后再针对每项特性提出相应的改良或改变的构想。

比如：某企业需要改良旗下的一款产品——锅。乍一看锅太普通，没有什么可以改进的。但通过使用属性列举法可把锅的构造和性能按要求列出，再一一检查后进行改良，引出新的构思。例如：不粘锅、汤锅、煎锅等产品的设计均是将锅的某一个属性放大化而生产出的创新属性产品；而电饭煲又是另一种属性的创新。利用属性列举法进行创新过程如下。

第一种是根据名词特性——整体、部分、材料、制作方法来区分。

第二种是根据形容词特性——锅的颜色、图案、大小等性质来区分。

第三种是根据动词特性——功能来区分。

（1）名词特性

整体：锅。

部分：锅身、锅盖、锅把手、锅底。

材料：铁、不锈钢、塑料、玻璃、组合材料。

制作方法：浇铸、硬模等。

（2）形容词特性

锅的颜色：各种各样。

图案：各种各样。

锅的大小均可不同。

（3）动词特性

功能特性：可煎、炖、煮、炸、烤等。

2. 希望点列举法

希望点列举法是运用想象法列举创新对象所希望达到的预期目标或效果的方法。希望点往往是从事物所存在的缺点转化来的：由于对某事物某些方面不满意，因而产生"希望可以""怎样才能更好"的理想和愿望，进而形成希望点。希望点列举法的特点是要求运用扩散性想象去发现问题，解决问题。有时非专业人员的参与也可以起到激发新设想的目的。例如，游戏在正式上线前的公测就是一种希望点列举法的应用。

希望点列举法是启发人们产生新设想的有效工具，它能够让人们在较短的时间内通过使用扩散思维、求异思维、横向思维等思维方法去发现问题和提出问题。不断地提出理想和愿望，寻找解决问题的对策以及实现这些理想和愿望的方法。

希望点列举法可分为 3 个步骤：

（1）列举研究对象的希望点；

（2）对希望点进行分类整理，区分短期希望和长期希望；

（3）对合理的设想进行完善以形成方案，然后实施。

3. 优点列举法

优点列举法是指逐一列出事物的优点，进而探求解决问题的方法和改善的对策。人们通过逐一列出事物的优点，从而寻求解决问题、提出改善对策的方法。

优点列举法可分为 3 个步骤：

（1）列举事物的优点；

（2）对优点进行分类整理，找出优点存在的原因；

（3）根据原因找到发挥优点更好的方案。

列举的主要途径有：用户意见法、会议列举法、对比分析法。

4. 缺点列举法

与优点列举法相对，缺点列举法是通过对事物缺点的分析，发现、发掘事物的缺陷，把事物的缺点一一列举出来，针对这些缺点，提出改进方案的创新方法。

缺点列举法可分为 3 个步骤。

（1）列举事物的缺点；

（2）对缺点进行分类整理，找出缺点存在的原因；

（3）根据原因找到解决的办法。

缺点列举的应用面非常广泛，它不仅有助于革新某些具体产品，解决产品开发的硬技术问题，而且还可以应用于管理中，解决属于"事"一类的软技术问题。

美津浓有限公司原是生产体育用品的一家小厂，为了产品能畅销世界各国，公司开发人员到市场上去调查。在调查中发现，初学网球者在打球时不是打不到球，就是打一个"触框球"。美津浓有限公司就专门做了一些比标准大 30% 的初学者球拍。后来公司开发人员又了解到初学者打网球时，手腕容易发生一种病，被人们称之为"网球腕"。他们用发泡聚氨酯为材料，但是经过试验，发现打起球来软塌塌的，很容易疲劳；重新进行了试验，终于制成了名的"减震球拍"。

（三）列举法的使用技巧与方法

无论列举的元素与属性与现实的距离有多远，只要是能对实现目标的想法、装置、产品、系统或问题的重要部分提出可能的改进方案（注意是可能不是可行），都是可以接受的范围。列举要尽可能地穷尽。

列举法的步骤是先决定主题，然后列举主题的"点"，再根据选出的"点"考虑得以实现的方法。

采用列举法时需要注意以下几点。

第一，列举的"点"必须与人们的需求相符合，按照需求创造出来的新事物才能更容易得到认同。

第二，列举时一定要注意打破思维定式。

第三，采用列举法时要用一些"不实际"的意见，然后用科学实用的视界进行评价，不要轻易放弃。

三、和田十二法

（一）和田十二法概述

和田十二法，也称"和田创新法则"，是由中国学者许立言、张福奎在奥斯本稽核问题表的基础上，借用其基本原理，结合实际情况，创造提出的一种思维技法。12 种方法，即加一加、减一减、扩一扩、变一变、改一改、缩一缩、联一联、学一学、代一代、搬一搬、反一反、定一定。这些技法通俗易懂，简单易行，便于推广，尽管有所交叉，但仍各有侧重。多年来的实践证明，和田十二法是相当有效的，具有推广价值的，特别是在创业初始期，尤其适用。

（二）和田十二法的实施步骤与实践应用

1. 加一加

"加一加"是指在原有事物的基础上，对其形态、尺寸等改进，使之加大、加长、加高、加宽等，从而使原有的功能增多，使用效率增强，使用效果更好，某种程度上与组合创造法有异曲同工之妙。

例如：将鞋的后跟加高，创造出高跟鞋；将公共汽车加高、加层，创造出双层巴士。

2. 减一减

和加一加相反，"减一减"就是将原有不必要的部分和功能减掉，使之减小、减短、减低、减窄等，从而增强其主要功能的使用效果或降低成本。

例如：把眼镜镜片减小且减去镜架，创造出贴在眼球上的隐形眼镜；将成人篮球架减低一些，篮筐减小一点，创造出儿童用篮球架。

3. 扩一扩

"扩一扩"是将原有事物的功能、用途、使用领域等进行放大、扩展，使其功能产生明显变化。

例如：将雨伞的伞盖扩大，创造出可以两人用的情侣伞；进一步再扩大，创造出海滨游乐场的晴雨两用伞；把电影的银幕加宽，变成宽银幕。

4. 变一变

"变一变"是指改变原有事物的形状、颜色、时间、顺序、滋味、场合、对象、方式等，使人有一种新感觉。人们观念、工作方法等要不断变化，以适应不同的社会发展。产品的升级就是运用这种方法，推陈出新，不断地满足消费者的需要。

例如：服装的面料、款式、颜色、图案千变万化；把音响设备由普通声改为立体声，提高视听效率；手机的每一次产品，都改进原有外观并增加新的功能。

5. 改一改

"改一改"是指对原有的形状、结构、性能进行改进，使之出现新的形态、新的功能；或对现有的做法进行整改，使其变得更好。现代科学技术的发展，使物品向自动化、简单化、轻便化、效率化、实用化、美观化方向改进，不断创造出新的产品。通过这种方法可以实现产品的不断更新换代。

例如：将机械手表改成电子手表；普通手机改成智能手机。

6. 缩一缩

"缩一缩"是指将原有体积缩小一点，长度缩短一点等。

例如：将词典、收音机、洗衣机等的体积分别压缩，变成袖珍词典、袖珍收音机、迷你洗衣机；把伞柄由一节改为两三节，可以收缩，以便于携带；将计算机功能集成于笔记本、手机。

7. 联一联

"联一联"是指观察原因和结果有何联系，这是联想创新思维的应用。

例如：在澳大利亚，有人将一块土地甘蔗产量的提高与甘蔗栽种前一个月洒落的水泥联系起来，发现水泥中的硅酸钙改良了土壤的酸性，从而导致甘蔗的增产，于是研制出了改良酸性土壤的"水泥肥料"；警察破案也经常用到"联一联"思维。

8. 学一学

"学一学"就是通过学习模仿其他事物的形状、结构、规格、方法、色彩、性能、功能、动作等来实现创新。

例如：人们模仿鸟的飞行发明了飞机；鲁班模仿小草叶子边缘的小齿发明了锯子。

9. 代一代

"代一代"是指用别的工具、材料、方法，代替现有的并落后的工具、材料、方法，实现新陈代谢，更新换代，创造出越来越多的新材料、新工具、新方法、新商品。

例如：用塑料或玻璃钢代替金属；用电子计算机代替算盘。历史上曹冲称象，用石头的重量代替大象的重量的故事，也是"代一代"的一个生活应用。

10. 搬一搬

"搬一搬"就是把事物的某个部件搬动一下，创造出一种新的物品，或产生新的功能，这种方法在很大程度上蕴含着某一工艺技术的应用。

例如：把电动机搬动到各种各样机械上，可以创造出许多新的电器产品，制成电吹风、电风扇、吸尘器、搅拌机等。

11. 反一反

"反一反"是一种逆向思考法，就是把某一物品的形状、方向、性质、功能进行颠倒，创造出新的物品。许多情况下，将老产品左右、前后、上下、里外、横竖进行"反一反"，变成新商品。

例如：正反两面可以穿的衣服；衬衫领由大尖领改为小方领，成为新式衬衫；手机使用正反两个摄像头。

12. 定一定

"定一定"是指对新产品或事物定出新的标准、型号、顺序，或者为改进某种事物以及提高工作效率和防止不良后果做出的一些新规定。

例如：现在的行业新标准、虚拟现实标准、人工智能标准、3D 打印标准；交通法则中红灯停、绿灯行、黄灯等待通过的规则。

（三）和田十二法的使用技巧与方法

和田十二法是对奥斯本稽核问题表法的一种继承，又是一种大胆的创新。奥斯本稽核表法是以该技法的发明者奥斯本命名的一种创新技法，它按照事物的 9 个方面依次提出设问，将设计的课题向 9 个方面进行发散，看能否提出创造性构想的方法。奥斯本稽核问题表（见表3-1）的 9 个方面为：

1. 能否他用？

2. 能否借用？

3. 能否改变？

4. 能否扩大？

5. 能否缩小？

6. 能否替代？

7. 能否调整？

8. 能否颠倒？

9. 能否组合？

表 3-1　奥斯本稽核问题表

序号	稽核项目	含义
1	能否他用	• 现有的发明、材料、方法等有无其他用途 • 稍加改变，有无新的用途
2	能否借用	• 能否从别处得到启发 • 能否借用别处的经验或发明 • 外界有无相似的想法，能否借鉴 • 过去有无类似的产品，是否有元素可供模仿 • 现有的发明能否引入其他设想之中
3	能否改变	• 现有的事物能否做出某些改变？改变会怎么样 • 能否改变形状、颜色、声音、味道 • 能否改变型号、意义、模具、运动形式 • 改变之后，效果又将如何
4	能否扩大	• 现有的事物能否扩大使用范围 • 能否增加一些项目 • 能否添加部件，增加长度，提高强度与价值
5	能否缩小	• 缩小一些怎么样 • 现在的产品能否缩小体积，减轻重量，降低高度 • 能否省略 • 能否进一步细分

续表

序号	稽核项目	含义
6	能否替代	• 能否由其他事物或人工代替 • 能否用别的材料、方法、工艺、能源代替 • 能否选取其他地点
7	能否调整	• 能否调换元件、部件 • 能否更换先后顺序 • 能否用其他型号 • 能否改成其他安排方式 • 原因与结果能否对换位置 • 能否变换日程
8	能否颠倒	• 能否上下颠倒 • 能否对换位置：左右、前后、里外、正反互换
9	能否组合	• 能否组合 • 能否综合各种想法 • 能否组合各种部件

和田十二法的每种方法均可以利用奥斯本稽核问题表法来统计和归纳，形成每个技法的表格。和田十二法的核心是通过变化来改进，其基本做法如下。

第一，选定要改进的产品或方案。

第二，对需要改进的产品或方案或者问题，从某一角度提出一系列的问题，并因此而产生大量的思路。

第三，根据第二步提出的思路，进行筛选和进一步思考、完善。

和田十二法中每种方法的使用侧重于某一个思考的角度，强调某一个方向。但对内涵、界定并非十分严格，"加、减、扩、缩、改、变"等技法通俗易懂，容易理解和接受，但不少创新是对多种技法的综合运用或创新技法的连续使用而产生的，因此在创新的过程中，不必对某一方法过于执着。

四、头脑风暴法

（一）头脑风暴法概述

头脑风暴法是由美国创造学家亚历克斯·奥斯本提出的一种激发性的思维方法。头脑风暴最早是精神病理学上的用语，指精神病患者的精神错乱状态而胡言乱语。奥斯本用头脑风暴来形容开会时让与会者敞开思想，无限制地自由思考和讨论，从而产生创新观念或激发创新设想。

头脑风暴法又称智力激励法，是一种通过小型会议的组织形式，让所有参加者在自由愉快、畅所欲言的气氛中，自由交换想法或点子，并以此激发与会者创意及灵感，使各种设想在相互碰撞中激起脑海的创造性"风暴"。

头脑风暴法的核心是集智，就是把众人潜在的智慧激发出来，汇聚到一起，唤起更多、更新颖的创造性设想。

头脑风暴法分为直接头脑风暴法和间接头脑风暴法。前者是在专家群体决策时尽可能地激发每个人的创造性，产生尽可能多的设想；后者则是对前者提出的一个一个的设想、方案进行逐一质疑，为决策者分析其设想可行性提供反面例子。

（二）头脑风暴法的实施步骤与实践应用

1. 头脑风暴法实施原理

亚历克斯·奥斯本及其研究者认为，头脑风暴法之所以能激发创新思维，其原因如下。

（1）热情感染

集体开会讨论时，如果不受任何限制，就能激发每个人的热情。在会上人人畅所欲言，相互影响、相互感染，能形成讨论热潮，这样能使个人打破传统观念的束缚，最大限度地进行创造性的思维。

（2）个人欲望

集体讨论解决问题时，如果不受任何干扰和控制，便能激发个人的欲望，使每个人畅所欲言，提出大量的创新观念。

（3）竞争意识

心理学家研究表明，人类有争强好胜的心理，在有竞争意识情况下，人的心理活动效率可增加 50%甚至更多。头脑风暴时，人人都能争先恐后，竞相发言，不断地开动脑筋，力求得到独到见解和创新观念。

（4）联想反应

联想是产生新观念的基本过程。在集体讨论问题的过程中，每提出一个新的观念，都能引发他人的联想，并相继产生一连串的新观念，能产生连锁反应，形成新观念堆，为创造性地解决问题提供更多的可能性。

2. 实施步骤

头脑风暴法往往通过召开会议的形式进行，实施步骤包括准备、热身、问题提出、畅谈和整理 5 个阶段。

（1）准备阶段

准备阶段主要是确定主持人、与会者和会议议题。主持人应熟悉头脑风暴法的基本原理、原则、程序和方法，对会议的议题比较熟悉，能灵活处理会议中出现的各种情况，保证会议在愉快的气氛中进行。与会者一般以 5～10 人为宜，与会者专业结构要合理，应熟悉会议议题，有丰富的专业知识，同时也应选少量的外行参加。确保会议议题单一、明确，可将复杂议题进行分解、分词讨论。

在准备期，要提前将会议的议题通知与会者，便于与会者熟悉议题，提前酝酿解决问题的设想；同时还要安排记录员，记录与会者会上所提的设想。

（2）热身阶段

热身阶段的目的是创造一种自由、宽松、祥和的氛围，让大家心情放松，进入一种无拘无束的状态。

主持人宣布开会后，先说明会议的规则，然后随便谈点有趣的话题或问题，使会场尽快形成轻松和活跃的气氛，让与会者尽快进入创新的临战状态。如果主持人所提问题与会议主题有某种联系，人们便会轻松自如地进入会议议题，效果会更好。

（3）问题提出阶段

主持人要简明扼要地介绍会议要解决的问题。介绍时要简洁、明确；否则会因过于详细限制与会者的思维，干扰思维创新的想象力。

（4）畅谈阶段

畅谈是头脑风暴法的重要环节，是决定头脑风暴法是否成功的关键。

为了使与会者能够突破种种思维障碍和心理束缚，让思维自由驰骋，畅所欲言，需要制定以下规则：

① 不要私下交谈，以免分散注意力；

② 不妨碍、评论他人发言，每人只谈自己的想法；

③ 发表见解时要简明扼要，一次发言只谈一种见解；

④ 与会者不分职务高低，一律平等。

主持人开会前先向大家宣布这些规则，随后导引大家自由发言。自由想象，自由发挥，使彼此相互启发，相互补充，真正做到知无不言，言无不尽。

（5）整理阶段

会议结束后，主持人向与会者了解会后的新想法、新思路，以此补充会议记录，将各种想法进行筛选并整理成若干方案。经过反复比较和优中择优，最后确定 1～3 个最佳方案。

这些最佳方案往往是多种创意的优势组合，是大家集体智慧综合作用的结果。

（三）头脑风暴法的遵循原则

头脑风暴法应遵循如下原则。

一次成功的头脑风暴除了程序上的要求，更为关键的是在探讨方式、心态上的转变，即充分的、非评价性的、无偏见的交流。

1. 自由畅谈

参加者不应该受任何条条框框的限制，放松思想，展开创新思维。从不同角度、不同层次、不同方位，大胆地展开想象，尽可能地标新立异，与众不同，提出独创性的想法。

2. 延迟评判

头脑风暴必须坚持当场不对任何设想作评价的原则。既不能肯定某个设想，又不能否定某个设想，也不能对某个设想发表评论性的意见。一切评价和判断都要延迟到会议结束以后才能进行：一方面是为了防止评判约束与会者的积极思维；另一方面是为了集中精力先开发设想，避免把后续工作提前进行，影响创造性设想的产生。

3. 禁止批评

禁止批评是头脑风暴法应该遵循的一个重要原则。参加头脑风暴会议的每个人都不得对别人的设想提出批评意见，因为批评对创造性思维无疑会产生抑制作用。带有自我批评性质的意见会破坏会场气氛，影响与会者自由畅想。

4. 追求数量

头脑风暴会议的目标是获得尽可能多的设想，追求数量是其首要任务。参加会议的每个人都要抓紧时间多思考，多提设想。至于设想的质量问题，留到会后的方案处理阶段去解决。在某种意义上，设想的质量和数量密切相关，产生的设想越多，其中的创造性设想、可行性的设想就可能越多。

5. 时间原则

头脑风暴会议时间一般在一小时以内，最好不超过两小时。如与会者多，可按实际情况执行。

第四章 培养创新意识与创新人格

第一节 创新意识的内涵及作用

一、创新意识的界定

"意识"问题曾经困扰了无数哲学家和学者，至今仍是一个令人困扰的问题。有人曾称它为"人类最后一个难解的谜"。对于创新意识的界定，国内研究者的研究成果相对丰硕，然而至今仍然没有一个统一的认识。这跟意识本身的复杂性有关，不同学者可以从不同的视角或层面对创新意识进行界定，且有其自身理论依据。有学者认为，创新意识是人们对创新以及创新的价值性和重要性的一种认识程度、认识水平以及由此形成的对创新的态度，并以这种态度来规范和调整自己的活动方向的一种稳定的精神态势。简明地说，创新意识是由创新意图、愿望和动机等对创新活动有重大影响的各种精神因素构成的一种稳定的精神状态。有学者认为，创新意识是一种观念，即指推崇创新，追求创新，并且以创新为荣的一种观念。还有学者认为，创新意识是驱使企业家产生创新行为的一种心理动机，决定创新成功与否的关键性因素。

创新意识概念的混乱原因在于意识本身就缺乏清晰性，所以导致创新意识概念混乱的现象并不奇怪，这需要我们对目前各种创新意识概念进行梳理以寻找共性。在创新意识的本质看法方面，第一种看法认为创新意识就是一种心理状态；第二种看法认为创新意识就是理性认识；第三种看法认为创新意识是一种心理动机，是带有指向性的，且具有推动行为变化的作用。

我们将创新意识界定为个体对创新的认识，由创新引发的心理状态以及为创新活动所做的一切准备。

创新意识总是代表着一些特定的社会主体奋斗的明确目标和价值指向性，成为这些特定主体产生稳定而持久的创新需要、价值追求和思维定式以及理性自觉的推动力量，成为唤醒、激励和发挥人所蕴含的潜在本质力量的一种重要精神动力。

创新意识一般包括三个层次：一是以人的心理状态存在的创新意识，也可以称为人的创造性精神品质；二是以理论形态存在的创新意识；三是以扩展形态存在的创新意识。

一般而言，在创新意识的三个层次中，人的创造性精神品质是创新意识的核心内容。因为，任何创造性行为都一定是由人来完成的，理论形态和扩展形态的创新意识在根本上是为了提升人的创造性精神品质服务的。理论形态的创新意识是创新意识得以产生的标志，理论形态的创新意识使人的创造性行为由盲目而变得自觉；扩展形态的创新意识可以在一定程度上反映创新意识被接纳和发展的情况。

二、创新意识的基本特征

（一）新颖性

创新意识是为了满足新的社会需求或者采用新的方式更好地满足原来的社会需求，创新是一个除"旧"迎"新"的思维活动和实践活动过程，为此，"新"是创新意识的一个重要特征。创新意识的新颖性表现在创新的不同发展阶段以及创新和其他事物的区别中。创新意识是为追求真知，而重新怀疑，并重新研究一切的导引，是不断突破与飞跃的创新过程，需要与众不同的新想法与新血液的不断注入，创新实践活动才得以实现。创新意识的新颖性不仅体现在解放思想、实事求是，还体现在与时俱进。唯物辩证法告诉我们，人的一切认识或知识都会有它隐蔽的错误，需要不断辩证地否定、科学地扬弃和实践检验。创新意识在这种前进性与曲折性相统一的推陈出新的创新实践活动中表现为一种求新意识。同时，创新意识要有效指导创新实践就必须要遵循客观事物存在和发展的规律，并以提高和满足人们物质生活和精神生活需要为出发点，继承和创造性地服务于人类的进步和社会的发展，并在求新和否定的过程中不断超越，实现其自身的社会价值。

（二）质疑性

陆九渊说过："为学患无疑，疑则有进，小疑则小进，大疑则大进。"这充分说明了敢于质疑的重要性。因为没有对常规的挑战，就没有创造，而对常规的挑战的第一步就是提问。发现问题是创新意识形成的逻辑起点和先决条件，并且是整个创新实践的源泉和动力。质疑意识——提出问题——创新意识形成——解决问题——新结果出现——创新实践完成，这一思维逻辑说明强化创新意识需要良好的质疑意识，这也验证了"科学创造始于问题"。正所谓疑则思，思则进，有质疑才会有超越。质疑性是创新意识的重要特性，是贯穿整个创新实践活动始终的关键特征。

（三）社会历史性

创新意识是以提高物质生活和精神生活水平需要为出发点的，而这种需要很大程度上受具体的社会历史条件制约，在阶级社会里，创新意识受阶级性和道德观影响制约。此外，人们的创新意识所激起的创造活动和产生的创造成果，应为人类进步和社会发展服务，因此，创新意识必须考虑社会效果，这就决定了创新意识的社会历史性。不同社会阶段的创新意识也存在不同。

（四）差异性

创新意识的形成受个人的生活背景、家庭环境、教育经历、社会地位、兴趣爱好、情感志趣等因素的制约，因此每个人形成了千差万别的创新意识。任何一个人都可以具备创新意识，但是从某种意义上来讲，创新是指实现质的突破。在创新意识培养过程中，强调创新意识的"差异性"，是为了保护创新主体的创新积极性而不是主张人们随心所欲和主观任意地标新立异。

三、创新意识的作用

第一，创新意识是决定一个国家和民族创新能力最直接的精神力量。创新能力可以驱动国家和民族的发展，是国家和民族发展能力的核心构成，是一个国家和民族解决自身生存、发展问题能力大小最客观和最重要的标志。

第二，创新意识对社会发展具有指导意义，其可以促成社会多种因素的变化，推动社会的全面进步。创新意识根源于社会生产方式，它的形成和发展必然进一步推动社会生产方式的进步，从而带动经济的飞跃性发展，同时促进上层建筑的进步。创新意识有利于人们解放思想，有利于人们形成开拓意识、领先意识等先进观念这些条件反过来又促进创新意识的扩展，更有利于创新活动的进行。

第三，创新意识对创新实践活动具有调控作用。创新实践活动是一种革新活动，通常是十分艰巨、复杂且困难重重的，如果没有创新意识的调控作用，人们在面临巨大的困难时很容易放弃，也很难形成矢志不移的决心。创新意识的调控作用还可以让人们不断反思方法的科学性和适宜性，总结经验教训，及时调整自己的行动，确保创新实践活动有效、顺利进行。

第四，创新意识能促成人才素质结构的完善，提升人的本质力量。创新实质上确定了一种新的人才标准，它代表着人才素质变化的性质和方向：社会发展需要充满生机和活力的人、有开拓精神的人、有新思想道德素质和现代科学文化素质的人。它客观上引导人们朝这个目标提高自己的素质，使人的本质力量在更高的层次上得以施展。它还激发人的自主性、能动性和创造性的进一步发挥，从而使人自身的内涵获得极大丰富和扩展。

第二节　创新意识的类型

创新意识是以思想活跃、不因循守旧、富于创造性和批判性、具有敢于标新立异、独树一帜的精神和追求为主要表现。只有具备强烈的创新意识，才敢想前人没想过的事，敢创前人不曾创成的业。为此，可以说创新意识是创新活动的出发点。

根据创新意识的基本特征和表现形式，我们可以将创新意识理解为求新求异意识、求真务实意识、求变意识和问题意识。

一、求新求异意识

创新意识具有新颖性和差异性的基本特征，求新求异意识也是创新意识的表现形式之一。敢于追求新颖的、独特的，是创新活动的必要条件。求新求异是敢于突破常规，不被定式思维所影响的体现。然而现实的教育，更多的时候是一种求同的倾向，观点、看法很容易被趋同。就如同被问及"1+1=？"这个问题的时候，如果回答的不是"2"的话，很容易就引来诧异的眼光。其实这种例子在教育中比比皆是。求新求异意识是要敢于突破常规，换个角度思考的一种心理准备，当我们遇到问题的时候，即便有很顺利的解决办法，我们也可以尝试着换一个角度进行思考。现实生活中，求新求异意识显得尤为困难，因为求新求异需要克服一定的心理压力，还需要面对别人异样的眼光，以至于很多时候我们选择了从众。当然，求新求异意识并不是一味求新，还需要避免标新立异。就像永动机这样有"创意"的设想至今却没有一例成功的，那是因为它们违背了自然界能量守恒的基本规律。

二、求真务实意识

创新意识是一种求真务实意识。要使创新实践活动得到的成果具有价值，其前提条件是要是创新实践活动的开展符合客观规律。寻找事物的客观规律，按规律办事，就是求真务实的过程。创新离不开求真务实，反过来，求真务实本身又是不断创新的过程。认识世界、寻找客观世界的内在规律，是科学的主要使命，科学知识形成和发展的过程，也即通常所说的追求真理的过程。科学要揭示事物的规律，就要以事物为对象研究其客观存在的、真实的状态和变化，这种状态和变化便是所谓的"科学事实"，科学事实是科学的基础，衡量是不是科学，总是要先问问有没有科学事实的依据，依据充不充分、可靠不可靠。

三、求变意识

创新意识还是一种求变意识，这里所说的"变"主要是指变革、革新。科学创新是离不开求变的。要知道，科学理论并不是一经建立起来就是永恒不变的坚固体系，科学探索得到的真理，既有绝对性，也有相对性；绝对性是指它是对客观世界有条件的、近似的、相对正确的认识，相对性是指它仅在一定的范围、一定的条件下适用。恩格斯指出，历史的辩证法表明"今天被认为是合乎真理的认识都有它隐蔽着的、以后会露出的错误的方面"。科学发展是不断发现错误，消除错误，逼近正确认识的永无止境的过程，是不断地破旧立新、推陈出新的过程。科学创新也即不断变革的过程，创新意识因此又表现为求变意识。

四、问题意识

创新意识又同时是问题意识。培养良好的问题意识是强化创新动机的有效途径。有良好问题意识的人善于提出新的问题。有了新问题，就必须加以解决，如用已有的途径和现成的答案得不出圆满的结果的话，就必须用新的方法。我们的生活中往往是发展机遇与挑战并存，发展进步与矛盾问题同在，前进的道路上充满了各种风险和挑战，布满了各种荆棘和暗礁。只有脑子里时刻装着一些问题，时刻保持问题意识，才能多一份清醒和自觉。当然，发现问题不是目的，解决问题才是目的，而解决问题又将是一个创新过程。

第三节　创新人格

"创新性人格"即非智力因素，也称创造性人格，是美国心理学家吉尔福特较早提出和使用的概念，其认为创新人格是创造者复考人格中的特殊组成部分，表现为能够直接、显著地影响创新成果的系列心理表征。吉尔福特认为具有创造性人格的主体特征主要表现为：

- 有高度的自觉性和独立性，不肯雷同；
- 有旺盛的求知欲；
- 有强烈的好奇心，对事物运动的机理有深究的动机；
- 知识面广，善于观察；
- 工作中讲求条理性、准确性与严格性；
- 有丰富的想象力、敏锐直觉、喜好抽象思维，对智力活动与游戏有广泛兴趣；
- 富有幽默感，表现出卓越的文艺天赋；
- 意志品质出众，能排除外界干扰，长时间地专注与某个感兴趣的问题之中。

克尼诺在对已有创造性人格分析的基础上，提出创造性人格特征应包括12个项目：智慧、观察力、流畅性、变通性、独创性、精致性、怀疑、持久性、游戏性、幽默感、独立性、自信心。当然，对不同类型、不同领域的创造者而言，他们的创造人格特征组合也表现出独特性。苏联心理学家波果斯洛夫斯基和日本心理学家思田彰都强调创造力除了能力因素外，还包括人格因素，即创造者的动机、情感、意志、性格、信念等个性特点。心理学家布什尔认为，创造力是"架在两个通常有很大区别的心理学领域即才能和个性之间的桥梁"。索里和特尔福德的研究发现，高创造力的人具有如下人格特征：思想开放，即观念具有灵活性；不受习俗制约，即个性具备独立性；性别角色的中性化，即男性具有一定女性化气质，女性具有一定男性化气质；能够接受不甚明确和复杂的问题；能够容忍别人和自己的错误。人本主义心理学将人的创造性与人格发展联系起来，将创造境界提升看成是人格完善的体现。国内外关于创新人格的研究较多，都表明创造性强的人具有某些突出的人格特征。综上，我们这里指的创新人格是指内在、持久、稳定地促使个体取得创新产物的人格特征。

第四节　创新人格的基本素质

创新人格所包含的基本素质是多方面的。根据对古今中外 100 多名杰出创造性人才典型案例的研究，概括出创新人格的 13 种基本素质：

（一）远大理想和坚定信念

从控制论的角度看，创造过程可抽象为创造主体控制、调节或改造客体，使它改变形态，达到预定创造目标的过程。这一控制的主要特点是要有明确的目标，所以，创造者的第一个创造性人格素质就是要有明确的目标，即具有崇高的理想和坚定的信念。科技史和大量传记材料证明，那些做出重大发明创造的创造者，往往从青少年时代起就树立了造福人类、追求真理、攀登科学高峰的高尚志向，成为他们个人成才的指路明灯，是他们创造活动成功的内在动力。

（二）赤诚的爱心

对祖国、人民、亲友的仁爱之心，是个人成才或创造者获得创造成果的内在动力之一，也是中华民族的传统美德之一。

（三）友爱合作的精神

随着科学技术的发展，科学创造的课题日趋复杂化、大型化；随着社会的进步，科学创造的组织方式从个体走向群体，从群体走向国家建制的方式，从国家建制走向国际联合建制，这就特别需要创造者培养合作精神。换句话说，在当代，友爱合作精神已成为个人成才和获得创造成果最重要的创造性人格之一。

（四）批判继承、综合创新

创造过程既是对旧理论、旧观点的扬弃过程，又是对多种经批判、鉴别、选择后的观点、材料进行综合创新的过程（批判继承），所以创造者，特别是堪称大师的创造者最擅长树立善于批判继承、综合创新的精神。

（五）探索精神

创造过程实质上是以质疑和发现问题为起点，通过辩证综合创立新理论、新方法、新设计，并在实践中加以检验或制作，获得新成果的过程。既然质疑和发现问题是创造的起点，那么，善于质疑、发现问题的探索精神对于创造者就是十分重要的创造性人格。科学史证明，创造始于问题，怀疑引出问题，怀疑是创造之母。没有对旧理论、旧工艺、旧制度的怀疑，就不会有新理论、新工艺、新制度的创造。

（六）敢冒风险的大无畏勇气

创造活动，特别是重大的发明创造活动，是破旧立新的过程，要破除旧理论，就可能遭到维护旧理论的社会势力的打击；要立新，就要探索未知的领域，就可能遇到各种意外的风险和失败。因此，创造者必须具有不怕风险、不怕失败的大无畏勇气。

（七）求实精神

任何创造活动的过程都必须重视第四阶段，即科学实验的验证阶段。不论证实一个理论，还是证伪一个理论，都必须通过科学实验。对于科学发现活动来说，它的根本目的就是求实（包括探求新事实，探求事实背后的新规律）。所以，重实验、重实效的求实精神是科学精神的重要内容，也是创造性人格最重要的素质之一。

（八）抗压精神

这种创造性人格是许多遭遇失败或身处逆境的创造者，能够战胜千难万险、排除重重障碍、承受多次失败的压力，最终达到成功或获得创造成果的决定性因素。

（九）勤俭、艰苦的精神

有一类创造者——开拓型企业家，要在企业的经营创造活动中使企业从无到有，从小到大，乃至成为第一流的企业，特别需要养成勤俭节约、艰苦创业的创造性人格。

（十）开拓的精神

这种开拓精神是许多科学家、发明家、改革家、企业家之所以有所发现，有所发明，有所创新的重要原因。

（十一）敬业的精神

创造活动分为相对新颖的创造和绝对新颖的创造。对于创造者来说，当然要争取从事绝对新颖的创造，但这需要长时间的知识积累、经历艰难曲折的探索过程，需要创造者的极大热情、执着追求。对于大学生来说，若想争当创造者，那么，在不具备条件从事绝对新颖的创造之时，也要争取从事相对新颖的创造，热爱本职工作，在自己的岗位上创造周围同行做不到的第一流的工作业绩。所以，不论对于现实的创造者，还是对于潜在的创造者，树立热爱事业、创一流业绩的创造性人格，都是十分必要的。

（十二）自信自强的精神

创造活动是前无古人的事业，必将碰到千难万险，只有树立知难而进的创造性人格，创造者才可能在创造的崎岖小道上不断攀登；面对艰难险阻，只有树立自信自强的创造性人格，创造者才能在探索未知的曲折征途中产生用之不竭的动力。

（十三）人道主义精神

各领域的创造者，都应该树立扶贫助残、救死扶伤、助人为乐的人道主义精神，但对于医疗卫生、扶助残疾人、扶贫工作领域的创造者来说，这一创造性人格是他们取得创造性成果，获得崇高社会声誉的关键性条件。

一切现实的创造者和志愿争当创造者的人们，都应该学习典范人物，加强创造性人格的修养，并结合自己的实际和所从事的创造领域的特点，有选择地重点培养 13 种创造性人格基本素质中的几种基本素质，只要能这样做，必将有利于获得新的创造成果。

第五章 创业素养的培育

大众创业、万众创新的时代，每一个人都可以成为创业者，但不是每一个人都可以成为成功的创业者，恰恰相反，大部分的创业者都以失败告终。

原因就在于，创业是一项巨大而复杂的工程，在这个工程中，创业者作为其中最关键、最具能动性的因素，其能力和素质直接关系着创业活动的成败。

虽然各种类型的创业者成功的过往各不相同，但毕竟殊途同归，而这种相同的结果背后一定有某种相同或相似的因素在里面，在他们身上存在的某些共性的创业素质可能是创业成功最为根本的原因。

第一节 培养创业身体素养

熟悉历史的人一定知道，诸葛亮在三国时期绝对是一个光彩夺目的人物，正是由于他的存在，三国的历史上增加了浓墨重彩的一笔，没有人怀疑他对蜀国、对先帝的耿耿忠心，毕竟他最终"鞠躬尽瘁，死而后已"，但是他的英年早逝让不少人扼腕叹息。

考察所有成功的创业者，在创业的道路上无不充满艰辛，付出了常人难以想象的劳动和汗水，超负荷的工作背后，必须有一个健康的身体作为支撑。

一、健康身体的重要性

有人曾经提出完美人生的三大标准是健康、财富、自由。其中"健康"是前提和基础。曾有人用这样一组数字"1 000 000 000"来比喻人的一生，这里的"1"代表健康，而"1"后边的"0"分别代表生命中的事业、金钱、地位、权力、房子、车子、家庭、爱情、孩子等，"0"越多越说明这个人越成功。

假如有一天这个人丢了一个"0"或两个"0"有没有关系，有，但不会太大。因为丢了几个"0"还有机会再次获得。但假如没有"健康"这个"1"，后面的"0"再多还有意义吗？

所以，健康是第一位的。

二、健康身体的三道防线

维护身体健康，有三道防线。

首先是预防。

饮食要科学营养；要适当运动；充分休息，保持 6～8 小时的睡眠；心态平和对待一切人和事物；培养良好的个人习惯。

其次要保健。

保健是调节亚健康最有效的方法。现代临床及营养学领域普遍认为：有效保健需要从清、调、补三个环节进行，清是清除体内毒素，调是调节人体机能，补是补充均衡营养。

最后需治疗。

治疗主要依靠药物和手术。

从这三道防线中我们可以得出这样一个结论：健康的人需要预防；亚健康的人需要保健和预防；患病的人需要治疗、保健和预防。

我们不难看出每个环节都存在着成本的问题。这就是营养学家提出的著名的 1800 定律：今天的 1 份预防保健远胜于未来 8 份的治疗、100 份的抢救。也就是今天 100 元的预防保健，远胜于未来 800 元的治疗、10 000 元的抢救。预防和保健才是维护健康的重要手段。

现在有一种流行的说法是：40 岁以前拿命换钱，40 岁以后拿钱换命。这种说法可能有点极端，但对于一个创业者来说，一个健康的身体，无疑是取得创业成功的必要基础，换句话说，只有拥有健康的身体，才能承受巨大的工作压力，保持持久的创业激情，做出斐然的工作成绩，才可能到达创业成功的顶峰。

只有身体健康，经天纬地之才、出神入化之谋才有施展的机会。锻炼身体从今天开始！从现在开始！

第二节 培育创业心理素养

创业是对人素养能力的全面检验，尤其是对人的心理素质的考验。从某种角度而言，创业的心理素养是创业成功的"催化剂"。

创业不易，需要面对的困难和失败要比成功多，这时候心理素养就尤为重要。创业者们应该具备哪些心理素养呢？

一、充满热情的内在动力

如果创业者对自己选择的事业缺乏足够的兴趣，仅仅是为创业而创业，那么其中的痛苦自然不言而喻。兴趣和爱好是从事一项事业的基础，对于创业者来说，只有对自己的事业具有浓厚的兴趣，才会在创业的过程中保持长久的工作热情和创业激情。

二、搏击风浪的精神勇气

古语有"破釜沉舟""背水一战"的典故，《孙子兵法》中讲"投之亡地然后存，陷之死地然后生"的策略。很多时候，机会与冒险并存，"无限风光在险峰"，险峰之上，自有一番"会当凌绝顶，一览众山小"的壮志豪情。

三、切合实际的理性精神

有一个故事是这样的：有人问哲学家，什么叫冒险？什么叫冒进？哲学家这样回答，比如说有一个山洞，山洞里有一桶金子，你要进去把金子拿出来。假如那个山洞是一个狼洞，你这就是冒险；但如果那个山洞是一个老虎洞，你这就是冒进。

这个故事告诉我们，冒险是你经过努力有可能得到的，而且那东西值得你去付出，否则你只是冒进。前面提到创业需要冒险精神，但冒险不等于冒进，更不等于蛮干，创业更需要理性，需要对市场进行冷静的观察和分析，以及对形势做出清醒而全面的认识。

所以，对创业者而言，良好的心理素养是迎接困难的强心剂，是取得成功的催化器，更是面对成功的镇静剂。

第三节　培育创业知识素养

创业者的知识素养对创业起着举足轻重的作用。在知识大爆炸、竞争日益激烈的今天，单凭热情、勇气、经验，就想要成功创业是很困难的。创业者还需要掌握广博的知识，具有一专多能的知识结构。

一、了解国家关于创业的政策、法律方面的知识

当前，为鼓励大学生创业，政府出台了一系列优惠政策，颁布和完善了相关的法律法规，为大学生创造了一个良好的创业环境。在了解创业政策的过程中应注意以下几点：

首先，理性看待创业政策。创业政策是个人创业的助推剂，但不是个人创业的"万能药"，任何人都不能仅仅依靠政策来创业，也不能为了享受政策而创业。

其次，对症下药，选择合适政策。每个人的创业方向、创业特点各不相同，每项创业政策的适用范围和对象也不同，个人在面对创业政策时，要选择适合自己的政策。

最后，切实发挥好政策的实际效用。在选择了适合自身的创业政策后，要切实发挥好政策的实际效用，使政策的运用能真正降低经营成本，改善经营状况，提升经营能力。

二、学习创业所在领域的专业知识

我们说创业要选择自己擅长的行业，因为只有对本行业的供需状况、市场前景以及所从事本行业的专业知识和技能了然于心，才能在创业的过程中避免盲目性和投机性，争取最大的成功概率。专业知识包括：

合法的开业知识。例如，怎样办理税务登记，纳税申报有哪些规定和程序，如何领购和使用发票等。

营销知识。例如，市场预测与调查，消费者心理、特点和特征，定价策略，产品促销策略等。

资金及财务知识。例如，信用及资金筹措知识，资金核算及记账知识，证券、信托、投资知识，财务会计基本知识，外汇知识等。

三、了解社会知识及其他知识

创业也是一种社会性的活动，与整个社会有着千丝万缕的关系。创业者同时也是一个社会人，需要在社会上同各种人交往，获取资源，求得发展。

所谓"世事洞明皆学问，人情练达即文章"。一个深谙世事的创业者在社会中可能如鱼得水、游刃有余；而一个不食人间烟火的创业者在复杂的社会中注定要遭遇人际壁垒，甚至铩羽而归。

第四节 培养创业能力素养

具备什么样能力的人才适合创业？对于这个问题，我们可以从已经成功的创业者身上去寻找一些共性。

成功的创业者充满激情但又非常理性，他们不是单纯地享受创业过程，他们更是为了一个好的结果。他们做的都是自己最爱的事情，所以能够全力以赴，每天工作量极大却不知疲倦。他们是自己产品和服务的最好的质检员和改进者，持续地钻研，不断去创新。其实这些就是我们所说的创业能力素养。

一、专业能力

专业能力是创业的前提能力。

在初次创业时，创业者应该从自己熟悉的行业中选择项目。这样就能避免许多"外行领导内行"的尴尬局面，大大提高创业的成功率。

二、方法能力

方法能力是创业的基础能力。

方法是指创业者在创业过程中所需要的工作方法，方法能力如信息的接受和处理能力、捕捉市场机遇的能力、分析与决策能力、申办企业的能力、确定企业布局的能力、发现和使用人才的能力、理财能力、控制和调节能力等。

创业如果具备了专业能力和方法能力，就可以说是万事俱备只欠东风了，那东风即指社会能力。

三、社会能力

社会能力是创业的核心能力。

社会能力与情商的内涵有许多共同之处，是创业成功的主要保证。如人际交往能力、谈判能力、企业形象策划能力、合作能力、自我约束能力、适应变化和承受挫折能力。

以上是创业者成功创业所应具备的能力素养。

我们说创业是一个拼体力的活动，更是一个拼能力的活动。如果你有心进行创业，你就应该像猎犬一样训练自己的创业能力素养。良好的创业能力素养是创业者成功的最好保证。

李开复在多个场合强调，创业者需要具备以下的八项核心能力：

（一）强烈的欲望

"欲"，实际就是一种生活目标，一种人生理想。创业者的欲望与普通人的欲望的不同之处在于，他们的欲望往往超出现实，往往需要打破现在的立足点，打破眼前的樊笼，才能够实现。所以，创业者的欲望往往伴随着行动力和牺牲精神。这不是普通人能够做得到的。因为欲望，而不甘心，这是大多数白手起家的创业者的心路历程。

（二）超乎想象的忍耐力

在创业的路上，付出怎样的代价，付出怎样的努力，忍受了多少常人不能够忍受的憋闷、痛苦甚至是屈辱，这种心情只有创业过的人最清楚！对一般人来说，忍耐是一种美德，对创业者来说，忍耐却是必须具备的品格。肉体上的折磨算不了什么，精神上的折磨才是致命的，如果有心自己创业，一定要先扪心自问，面对从肉体及精神上的全面折磨，你有没有宠辱不惊的"定力"与"精神力"。如果没有，那么一定要小心。对有些人来说，一辈子给别人打工，做一个打工仔，是一个更合适的选择。

（三）开阔的眼界

对于创业者来说，只有拥有广博的见识、开阔的眼界，才能有效地拉近自己与成功的距离，使创业活动少走弯路。众多成功创业者创业思路的几个共同来源，分别是职业、阅读、行路和交友。有空一定要到处多走一走，多和朋友谈一谈天，多阅读，多观察，多思考。机遇只垂青有准备的头脑，持续让自己"眼界大开"就是最好的准备。

（四）善于把握趋势又通人情事理

创业者一定要明势，不但要明政事、商事，还要明世事、人事，这应该是一个创业者的基本素质。

（五）拓展人脉

创业不是引"无源之水"，栽"无本之木"。每一个人创业，都必然有其凭依的条件，也就是其拥有的资源。一个创业者的素质如何，看一看其建立和拓展资源的能力就可以知道。

创业者资源，可分为外部资源和内部资源两种。内部资源主要是创业者个人的能力，所占有的生产资料及知识技能，家族资源等。拥有良好的内部资源，对创业者来说无疑是重要的。

但外部资源的创立同样不可或缺。其中最重要的一点是人脉资源的创立，即创业者构建其人际网络或社会网络。创业者人际资源按其重要性来看，第一是同学资源，第二是职业资源，第三是朋友资源。

（六）谋略

商场如战场，一个有勇无谋的人，早晚会成为别人的"盘中餐"。创业者的智谋，将在很大程度上决定其创业成败。尤其是在目前产品日益同质化、市场竞争激烈的情况下，创业者不但要能够守正，更要有能力出奇。谋略或者说智慧，贯穿于创业者的每一个创业行动中。谋略其实就是一种思维的方式，一种处理问题和解决问题的方法。

对于创业者来说，智慧是不分等级的，它没有好坏、高明不高明的区别，只有好用不好用、适用不适用的问题。创业者的智慧包括不拘一格，出奇制胜。作为创业者，你的思维是否至今依然因循守旧？

（七）与他人分享的愿望

作为创业者，一定要懂得与他人分享。一个不懂得与他人分享的创业者，不可能将事业做大。

只有当老板舍得付出，舍得与员工分享，员工的生存需要、安全需要、尊重需要就从老板这里都得到了满足。员工出于感激，同时也因为害怕失去眼前所获得的一切，就会产生"自我实现的需要"，通过自我实现，为老板做更多的事，赚更多的钱，做更大的贡献，回报老板。这样就构成了一个企业的正向循环、良性循环。

分享不是慷慨，对创业者来说，分享是明智。

（八）自我反省的能力

反省其实是一种学习能力。创业既然是一个不断摸索的过程，创业者就难免在此过程中不断地犯错误。反省，正是认识错误、改正错误的前提。对创业者来说，反省的过程就是学习的过程。有没有自我反省的能力，具不具备自我反省的精神，决定了创业者能不能认识到自己所犯的错误，能不能改正所犯的错误，能不能不断地学到新东西。

成功的创业者有一个共同之处，就是都非常善于学习，非常勇于进行自我反省。

作为一个创业者，遭遇挫折，碰上低潮都是常有的事，在这种时候，反省能力和自我反省精神能够很好地帮助你渡过难关。曾子说："吾日三省吾身。"对创业者来说，应该时时刻刻警醒、反省自己，唯有如此，才能时刻保持清醒。

创业者需要的是综合素质，每一项素质都很重要，不可偏废。缺少哪一项素质，将来都有可能影响事业的发展。

第五节　努力积累创业经验

亨利·福特曾说："任何人只要做一点有用的事，总会有一点报酬，这种报酬是经验，是世界上最有价值的东西，也是别人抢不去的东西。"由此可见，经验对于创业者具有举足轻重的关键意义。那究竟怎样才能积累创业经验，创业经验的获取有哪些途径呢？今天我们就来谈谈创业经验积累的问题。

一、在求学期间通过学习、兼职等方式获得创业的初步经验

大学时代是人生的一个黄金时代，是实现自我蜕变、明确人生定位的关键时期。机遇总是垂青有准备的人，对有创业意向的大学生来说，大学期间就应为以后的创业做一些初步的准备，积累一些必要的经验。一般来说，大学一年级时，应主动接受职业价值观方面的教育，了解自己的兴趣、特长和专业背景，为今后选择创业、确定职业目标奠定基础。大二、大三时通过参加社会实践和实习活动，对专业的社会需求和发展前景深入了解，根据实践中自我适应程度的反馈信息，反思和调整自己的职业取向，初步确定与自己能力相吻合的职业选择。

二、为一家公司工作获得创业的初步经验

这是目前较受欢迎的创业经验积累的一种方式，相比在学校积累创业经验，在一家公司工作更接近于实战，不失为积累经验的更好选择。

大部分成功的创业者创业前都有过为别人工作的经历，这种经历使他们对本行业情况了然于胸，在复杂的人际关系中游刃有余，整合资源的能力大大提高，并有可能积累到人生第一笔创业资金，这些直接构成了创业前积累的宝贵的职业财富。

创业经验分享和建议：

（1）应该知道自己发展的主次。在企业打工，除了养家糊口，也有助于个人能力和资历的增长，因此重心是完成好本职工作，推进个人能力和职业发展的进程。

（2）保持合适的尺度。私下接洽的客户不要是你打工企业的竞争对手；不要占用任何上班时间，上班时间属于为你提供薪水的公司；不泄露任何公司的商业秘密。保持自己的职业操守和信用对将来个人发展有不可估量的作用。

二、依靠商品市场创业

专业的商品市场，比如眼镜批发市场、服装批发市场等，都会为租户代办个体工商执照，只需一次性投入半年或一年租金，以及店内货品的进货费，前期投入在 5 万元以内。依靠人气旺盛的商品市场，风险也比较小，很多温州商人就是从商品市场做起来的。

B 女士以前是服装设计师，后来从服装公司辞职后自己创业，转租别人的带照商户（现

在有很多商品市场可以买、可以租，有些人买下后通过出租赢利，并且经营证照齐全），在一家服装市场中经营批发零售业务，凭借自身的设计能力和多年的行业经验，B 女士自己进行设计，找服装厂加工成衣后在自己的店铺内销售。目前销售良好，已经开了第二家分店。

创业经验分享和建议：

第一，一定要找人气旺的市场，可能比起经营较差的市场租金要高，可是人流量是你的店铺存活的最基本条件。

第二，同样的市场也有生意好和差的区别，因此需要你对自己经营的产品比较熟悉。例如熟悉该类商品的消费者喜好；熟悉该商品的进货渠道，能以更低价格进货等。

三、在大卖场租场地创业

这种方式有点类似代理销售，不过必须眼光独到，风险可能比较大一点，但是回报非常可观。这种方式比较适合有营销经验的人员采用。

C 先生出差×市发现松子在当地价格比较便宜，回来后经过简单调查发现本地松子很少有人销售，而且价格昂贵。因此，C 先生在春节前很早就到×市订购了一批松子，并且在本地人流最大的家乐福争取到了进门的一块场地，春节期间开始销售松子，这一个月下来取得了令人瞠目结舌的 30 万利润。

创业经验分享和建议：

第一，用你所代理或销售产品的生产厂家相关证明（卫生许可证、厂商证明等）同卖场办理手续，否则不能进场。

第二，风险比较大，一定要对市场行情有所把握，并且注意产品的销售季节和保质期。（有人从外地批水果到卖场销售，运输途中耽搁了一下，结果很多水果没卖完就烂掉了）

第三，考虑本地人对该产品的接受程度，最好做个简单的调查。（有些东西本地很少销售，可能不一定适合木地口味）

四、加盟连锁创业

现在有很多小的饰品店、冷饮店等加盟的费用不高，但是如果选对店铺和产品还是很赚钱。加盟连锁一定要看准，并且早点介入成功的可能性比较大。

D 女士在某市加盟石头记饰品连锁店，由于当时类似产品市场上比较少见，属于竞争少、利润高的行业，因此，短短两年就赚了接近百万元。等到各种饰品连锁店低价竞争时，她早就关门转行，开了一家眼镜店。再如加盟有实力的房产中介公司，自己只需要租个门面，有简单的电话、桌椅等设备就可以开展业务，房源信息来自售房户、出租户在中介公司的免费登记。你可以在小区的信箱内投递一些征求房源的信息，由于房源信息登记是免费的，所以很快你能找到一些房源信息，接下来通过门市会有求购、求租的客户上门。你提供信息并带领看房，双方成交时，出租户和租房者各支付月租金的30%作为佣金，一笔月租2000元的项目中介成功就可以获得1200元。

创业经验分享和建议：

第一，选择行业门槛低但回报高的产业，例如房产中介。

第二，选择新兴产品，一旦竞争产品增多、营业额下降时，立即转向。如小饰品店等。

第三，整个投资不宜过大，找利润高、投入少的小商品加盟，没有经验的人切忌加盟大的连锁项目，千万别轻易相信一些加盟企业的"无经验"一样经营，"全程营销辅导"等谎言。

五、工作室创业

E先生与F女士都是设计专业出身，在广告公司打工几年后想自主创业，他们一起开办一家设计工作室。工作室的好处是手续简便，到工商局登记就可以了，有些工作室实际无须办理任何手续，也没有办公场地的费用支出，在家"生产"即可。他们主动联系出版社、学校、印刷厂等机构，由于工作室除了设计用的纸张和油墨外几乎没有其他成本，因而服务价格相当具有竞争力，再加上多年的设计经验，无论手绘和电脑设计都让客户比较满意，业务越做越大，几年下来已经买了属于自己房产和汽车。再有G女士对时尚饰品比较有兴趣，自己买了许多珠子、贝壳、绳子等，在家开了工作室，专门创作手工饰品，然后卖给饰品店。现在她的手工饰品已经小有名气，供不应求。

创业经验分享和建议：

第一，个人要有比较好的专业技能，因为性价比是你在市场中胜出的关键，价格再便宜，作品让人不满意也不可能维持经营。

第二，刚开始必须通过各种关系主动开展业务，联系一些有需求的客户才能将自己的作品卖出去。

以上的创业模式只是个人低成本创业的简单模式，由于风险小、投入少而适合普通的创业人群，但需要强调的是任何创业行为都会存在一定风险，在创业前进行系统分析以及有针对性的知识补充、能力培训等将大大提高创业的成功概率。

第六节　市场调查与预测

现在网上经常可以看到这样的广告："××年最具潜力的十大项目""××年最赚钱的×大行业"等，这些广告让年轻的创业者热血沸腾，跃跃欲试。有激情固然是好的，但是在做决定之前，一项基本的程序必不可少，那就是市场调查与预测。

《孙子兵法》云："知己知彼，百战不殆。"商业活动是一场没有硝烟的战争，能否掌握战争的主动权就在于是否进行了市场调查与预测，即所谓"躬行出真知"。

这一讲我们就来学习如何进行市场调查与预测。

市场需求是不断发展变化的，创业者只有进行深入的市场调查才可能把握这些变化，及时调整投资方向和经营战略，不断地满足消费者的需求，在市场竞争中立于不败之地。

一、环境调查

这里的环境主要是指市场所在地的政治法律、经济、社会文化、科学技术、地理气候环境等因素的总称。当然，创业者所面对的市场环境各不相同，有的可能局限于一条街道、一个社区，有的可能面向一个县城或一个地市，而有的可能辐射一个省区、一个国家，甚至整个世界。但无论创业者面对怎样的市场环境，都必须对所在地的宏观环境进行考察分析，即我们平常讲的"因地制宜"。

二、产品调查

创业者总是以一种产品或服务进入某个目标市场，进行自己的掘金活动，那么对于创业者而言，必须了解同类产品在目标市场中销售的具体业绩、品牌、规格、来源、价格，了解当地市场有关产品的消费变化，调查同类产品在当地的年消费量、消费者数量、消费范围、消费频度等因素。

三、行业调查

我们也许都注意到生活中这样一种现象：工业制成品如彩电、微波炉、空调、电脑等的价格一降再降，早些年属于奢侈品的手表、自行车、半导体等更是成为"昨日黄花"，与此相反，一些服务行业的价格却节节攀升。例如，幼儿入托费一涨再涨，各旅游景点的门票涨价的风潮也一浪高过一浪。这一现象带给我们一种启示：我国产业利润正悄悄转移，而在商海的浮浮沉沉中，各行业境遇早已是三十年河东三十年河西。那么哪边河东，哪边河西呢？这就需要我们进行行业调查。

四、顾客调查

"顾客就是上帝"是许多商家坚守不移的商业格言。因为就整个生产销售过程来看，顾客是这个过程的最后也是最关键的一环，消费者对产品的接受程度直接决定了商业活动的成败。随着消费者意识的不断觉醒以及消费者地位的日益凸显，20 世纪 20 年代以前，企业经营以生产观念为主，皇帝女儿不愁嫁；后来到了以产品观念为主，好酒不怕巷子深；而现在，则是注重市场营销观念，皇帝的女儿也愁嫁，好酒也怕巷子深了。

第六章　团队合作精神

第一节　团队与团队合作

团队合作是时代发展对人才提出的要求，是人格、个性健全发展的高素质人才的必备素养。一个人的学习、生活、工作都离不开他人的帮助，一个团队的发展也离不开队员之间的合作。只有具备良好的团队精神，才能在激烈的人才竞争中占据优势并获得主动，才能获得事业的成功。

一、团队的内涵

团队是由基层和管理层人员组成的一个共同体，它合理利用每一个成员的知识和技能来协同工作，解决问题，达到共同的目标。

1994 年，斯蒂芬·P·罗宾斯首次提出了"团队"的概念：为了实现某一目标而由相互协作的个体所组成的正式群体。在随后的十几年里，关于"团队合作"的理念风靡全球。当团队合作出于自觉和自愿时，它会产生一股强大而持久的力量。

团队和群体不同。所有的团队都是群体，但只有正式群体才是团队。团队和群体有着一些根本性的区别，群体可以向团队过渡。

二、团队的分类与特点

（一）团队的分类

一般根据团队存在的目的和拥有自主权的大小，可以将团队分为 5 种类型：

1. 问题解决型团队

2. 自我管理型团队

3. 多功能型团队

4. 共同目标型团队

5. 正面默契型团队

（二）团队的特点

一般的团队具有下列特点：

1. 团队以目标为导向

2. 团队以协作为基础

3. 团队需要共同的规范和方法

4. 团队成员在技术或技能上形成互补

三、团队的构成要素

团队的构成要素可以总结为5P，分别为目标、人、定位、权限和计划。

（一）目标

团队应该有一个既定的目标，为团队成员导航，知道要向何处去，没有目标，这个团队就没有存在的价值。我们所在的组织可以说是一个大团队，因为我们有共同的使命、愿景和目标。同时，组织内部又可以划分为若干小团队，包括常设团队（职能部门）和临时团队（项目部、攻关小组）。组织的大目标可以分解成小目标，小团队的目标必须跟组织的目标一致，小团队的目标还可以具体分解到各个团队成员身上，大家合力实现这个共同的目标。同时，目标还应该有效地向大众传播，让团队内外的成员都知道这些目标，有时甚至可以把目标贴在团队成员的办公桌上、会议室里，以此激励所有的人为这个目标去工作。

（二）人

人是构成团队最核心的力量。两个以上的人就可以构成团队。团队目标是通过人员去具体实现的，所以人员的选择是团队中非常重要的一个部分。在一个团队中，需要有人制订计划，有人出主意，有人实施，有人协调，还要有人去监督评价工作进展与业绩表现。不同的人员通过分工来共同完成团队的目标，所以在人员选择方面要考虑团队的要求如何、人员的能力如何、技能是否互补、人员的经验如何、性格搭配是否和谐等因素。

（三）定位

定位包含两层意思。

一是团队的定位，团队在组织中处于什么位置，由谁选择和决定团队的成员，团队最终应对谁负责，团队采取什么方式激励下属等。

二是个体的定位，作为成员在团队中扮演什么角色，是制订计划还是具体实施或评估等。

（四）权限

团队当中领导人的权力大小跟团队的发展阶段相关。一般来说，团队越成熟，领导者所拥有的权力相应越小；在团队发展的初期阶段，领导的权力相对比较集中。在确定团队权限时，要考虑组织规模、团队数量、业务类型，以决定授予何种权限及多大权限等。

（五）计划

计划有狭义和广义的含义。

狭义的计划是指为实现目标而事前所拟定的方案和具体工作的程序。

广义的计划是指制订行动的方案，以规划未来。团队只有在计划的操作下才会一步一步地贴近目标，从而最终实现目标。

四、团队合作

众所周知，微软是以创造团队合作文化闻名的公司。以项目小组的形式来开发电脑软件是由微软首创的。微软的产品是电脑软件，专业性很强，需要知识积累和不断创新，并要求不能出错。在这种情况下，公司需要的并不是表面上的一团和气，而是平等又充满争论的团队文化。在思想的交锋中产生创新的火花，在不同视角的争辩中创造最独特完美的产品，这是合作精神在微软产品项目小组中的体现。比尔·盖茨与保罗·艾伦创办微软之后，思想的争论、敢于向他人的思想挑战的风气就被鼓励并发扬光大。比尔·盖茨甚至要求向他汇报工作的人以及所有项目小组都遵循"敢提不同意见"的原则。项目小组有名的"三足鼎立"结构也就这样建立起来，软件设计员、编程员、测试员，三种人员互相给彼此挑刺儿，刺儿挑得越多，最后的产品就可能越完善。而项目小组的成员大家都平等，组长也没有特别的权力，主要担任沟通协调的角色，解决任务冲突、人员冲突、时间冲突，使大家愉快配合，按时将产品完成。这种独特的团队合作能够实现目标，与公司的几个重大环节的把握有十分密切的关系。首先是公司文化的创立。其次是人员招聘的把关。微软招人的时候用的测试题全是智力和创意测试,这已经成为目前信息技术行业招聘的经典。再次则是分工的极其明确和流程设计的周密,每一个团队成员都十分清楚自己的职责和自己的工作在整体中的位置和顺序以及时间进度。由于分工明确而且每个人都无法被他人替代,因此彼此都互相尊重,同时敢于提出自己的不同见解。最后则是大家都有明确的共同目标,让产品按时并高质量地完成。

讨论:微软的团队合作案例对我们有什么启发。

团队合作指的是一群有能力、有信念的人在特定的团队中,为了一个共同的目标相互支持合作奋斗的过程。它可以调动团队成员的所有资源和才智,并且会自动地驱除所有不和谐和不公正现象,同时会给予那些诚心、大公无私的奉献者适当的回报。自主自愿的团队合作会产生巨大的合力。

(一)团队合作的重要性

1. 可以打造一支具有较强凝聚力的工作队伍;

2. 可以为团队成员提供一个较好的学习平台;

3. 可以营造一个相对和谐的工作环境;

4. 可以有效地提高工作效率。

(二)团队合作的基础

1. 信任

帕特里克·兰西奥尼在《团队协作的五大障碍》中,把信任这个要素摆在团队合作最基础、首要的位置。他笃信彼此信任是团队合作的基础。这不是其他种类的信任,而是坚定地以人性脆弱为基础的信任。这意味着一个有凝聚力的、高效的团队成员,必须学会自如地、迅速地、心平气和地承认自己的错误、弱点、失败,并向团队求助。他们还要乐于认可别人的长处,即使这些长处超过了自己。团队成员彼此之间应敞开心扉,坦率承认自己的弱点或错误。

以人性脆弱为基础的信任在实际行为中是什么样的呢?如团队成员之间彼此说出"我办砸了""我错了""我需要帮助""我很抱歉"或"你在这方面比我强"等这样的话,就是明显的特征。以人性脆弱为基础的信任是团队存在不可或缺的重要因素。

2. 不畏惧冲突

不畏惧冲突也是团队合作的基础。建设性的、鼓励性的和没有戒备的良性冲突能有效地促使团队做出正确决策。各个团队成员能直率地说出自己的不同见解，团队领导才可能有充分信心集中集体智慧而最终做出英明决断。不经过意见过滤，没有争论探讨，团队就会一遍一遍地面临同样的问题而找不到解决方案。实际上，在外人看起来总是争论不休的团队，往往是能够做出艰难决策并执行坚守的团队。

3. 彼此负责

愿意对彼此负责是成就团队合作的重要基础之一。彼此负责的意识会让团队成员之间求同存异，互相提醒摒弃那些对实现团队目标不利的言辞和行为。彼此负责的心态会避免团队成员自私自利、自保其身的思想行为，他们彼此信任，清楚哪些行为是该做的，哪些行为是对其他成员、对整个团队负责的正确选择。

4. 坚定不移的行动力

一个具有凝聚力的团队一定要有坚定不移的行动力。一方面，团队领导在信息不够完善、意见不能统一的情况下要果断做出决策；另一方面，团队成员要坚定执行团队任务，为完成团队目标尽职尽责。

（三）团队合作的基本原则

1. 诚恳原则

诚恳是人与人相处的基本态度，是团队合作的第一原则。古语说："诚者，事之始终"。真诚是君子最宝贵的品格，是同事间相处共事的基础。诚恳应贯彻一件事的始终，让与你交往的人感到你所做的一切都是发自内心的、真诚的。

诚是核心。哪个朋友因某件小事对你有误会或存有偏见，但你以诚相待，始终以诚感动他，他一定会因你"精诚所至，金石为开"。我们都知道三顾茅庐这个故事，刘备不顾张飞、关羽的劝阻，在隆冬季节，寒雪纷飞的时刻三访诸葛亮，而且为去拜见诸葛亮进行沐浴，斋戒，终于以诚、以礼叩开了诸葛亮心灵的大门，请出了诸葛亮帮助他成就了大业。也正因为刘备始终能对诸葛亮以诚相待，才赢得了诸葛亮的赤胆忠心，帮助他与曹操、孙权抗衡，三分天下，乃至在刘备死后，诸葛亮仍忠心耿耿地辅佐幼主刘禅，为刘氏宗业鞠躬尽瘁，死而后已。

团队合作必须以诚为先，团队领导身先士卒，对团队成员以诚以礼、真心相待。团队成员以身作则，诚恳做事待人，处处实心诚意。

2. 目标原则

团队目标需要所有成员齐心协力共同完成。团队成员要有大局观，不以个人好恶为标准，能够以团队共同的目标为原则，求大同、存小异。共同的目标价值可以激励成员放大自己的格局，以更开阔的角度看待和处理工作中遇到的问题。没有长远目标的团队成员，容易短视，斤斤计较眼前利益，从而影响团队目标的实现进程。共同目标意识强的团队会注重长远利益，不计较一时得失，坚定前行，直到目标实现。

3. 平等友善

团队成员平等相处也很重要。团队成员之间相处具有相近性、长期性、固定性，彼此都有较全面、深刻的了解。平等相待可以赢得成员间的互相信任。信任是联结团队力量的纽带。不管是资深的老员工，还是新进的员工，都需要去除不平等的关系。无论是心存自大还是心存自卑，都是团队发展的大忌。团队是一个整体，成员之间优势互补，共同进步。单一成员无论多么优秀，都难以单独实现目标，正所谓"一枝独秀不是春，百花齐放春满园"。

4. 善于交流

同在一个团队共事，团队成员之间会存在某些差异，知识、能力、经历的不同会造成不同成员之间在对待和处理工作时产生不同的想法。交流是协调的开始，把自己的想法说出来，听对方的想法，要经常说这样一句话："你看这事该怎么办，我想听听你的看法。"善于交流的团队更和谐，更具备解决问题的能力。

5. 宽容原则

在团队中，宽容的思想和态度是创造和谐人际关系的法宝。宽容的原则就是讲究与人为善，这是一种较高的境界。宽容他人、理解他人、体谅他人，就意味着不能求全责备、斤斤计较，甚至咄咄逼人。学会换位思考，要站在对方的立场去考虑一切，这是建设团队良好工作氛围的最好办法。

团队领导要宽容其他成员的眼界、格局和工作方法。团队成员要宽容领导的决策偏差、判断失误。每个团队成员之间，因为生活的环境不同、性格不同、见解不同，就需要互相鼓励、互相理解、互相宽容，以期达到和谐相处的境界。

（四）团队合作的基本技巧

建设一个有凝聚力、有战斗力的团队需要所有成员的共同努力。团队合作也需要讲究一定的技巧。

1. 创造一个"我们"的氛围

团队以共同的目标、价值理念为基础，打造一个属于"我们"的文化氛围。在这样的环境里，每个人都被尊重、接纳、支持，所言所行都是"我们在做……""我们想……""我们相信……"。团队成员在这样的氛围中会减少孤独感，增强归属感。

2. 分享团队荣誉

团队获取阶段性胜利或取得一定成绩时，要共同分享这份荣誉。团队成员在这样的分享过程中，会感受到与团队"一荣俱荣，一损俱损"的依存关系，让每个成员感受到这份成功中也包含自己的努力，从而增强团队凝聚力和为团队战斗的信心。同时，当团队遭遇失利时，不要不问青红皂白地把所有过错归咎于单独一个人，以防使其丧失对团队的信心和信任。

3. 个人成长规划

在团队大目标的框架下，鼓励成员制订个人合理清晰的成长规划。这样的规划会使团队成员进一步明确自己在团队中的责任和角色，有利于团队合作进行，也有利于成员获得工作的成就感。由于有清楚的提升规划，成员会更乐于为团队工作，更好地参与团队建设。除此之外，明确的规划也会减少不良竞争意识，团队成员会更关注自己的进步与提升。

4. 增加交流

组织应提供机会，增加团队成员之间的互相了解。尤其要鼓励社交型的成员走到一起，形成带动团队感情建设的力量。良好的感情培育可以有效地增强团队的融洽程度和合作效率。

团队合作不是自然而然发生的，也不是一蹴而就的。只有通过多方面努力，真正意义上的团队合作才能产生。

第二节　培养个人的团队精神

所谓团队精神，就是大局意识、协作精神和服务精神的集中体现。简单地说，就是一种集体意识，是团队所有成员都认可的一种集体意识。团队精神的基础是尊重个人的兴趣和成就，核心是协同合作，最高境界是全体成员的向心力、凝聚力，反映的是个体利益和整体利益的统一，进而保证组织的高效运转。团队精神的核心是无私和奉献精神，是自动担当的意识，是与人和谐相处、充分沟通、交流意见的智慧。它不是简单地与人说话、与人共同做事，而是不计个人利益，推崇团队集体利益的奉献精神。

团队精神的形成并不要求团队成员牺牲自我，相反，挥洒个性、表现特长保证了成员能够共同完成任务目标，而明确的协作意愿和协作方式则产生了真正的动力。团队精神是团队文化的一部分，良好的管理可以通过合适的团队形态将每个人安排至合适的岗位，充分发挥集体的潜能。如果没有正确的管理文化，没有良好的从业心态和奉献精神，就不会有团队精神。

一、团队精神的体现

1. 团队信任

团队信任就是团队成员之间互相信任。在遇到危险时，可以自信地把后背交给其他成员，这种信任会大大提高团队的效率。团队信任的建立是团队规范逐渐变成习惯的过程。团队规范可以通过讨论与会议的方式形成，但规范变成习惯，并促使团队成员彼此之间产生信任，还需要一个发展的过程。研究表明，信任有一个连续发展的过程，信任不断发展到更高阶段时，团队内部信任就会表现出一种很强的韧性，此时信任程度加深，偶尔的信任破坏也很容易修复。就发展阶段而言，信任开始是一种计算型信任，即被信任方会仔细计算，如果自己得到对方的信任会有什么收益，如果自己失去对方的信任会承担什么后果。在这种模式下，信任方高度重视被信任方的行为表现，计算信任他人可能带来的收益与风险，信任方只有在确认信任对方会给自己带来价值时，才会选择信任对方。

随着时间的推移，成员之间交流增多，信任越来越不用做特别的检验，这样彼此之间的信任程度就会得到加强，成员间的信任就会发展到很高的水平，即认同型信任。在这个阶段，团队关系会非常牢固，团队成员彼此信任，也相信团队整体的决定。这时，给团队成员安排合适的角色，成员就容易接受并胜任。

2. 大局意识

大局意识是要看长远，不计眼前得失，从而得到最长远、最广、最多的利益。大局意识就是把自己的利益与团队利益放在一起考虑。因为，在团队中每一个人的价值判断，最终都是以团队成果为大前提的。因此，自身利益的达成，需要在团队利益达成的基础上才可能实现，这就需要在个人利益与团队利益有冲突时，个人利益要做出适当的让步。

3. 协作精神

团队协作精神是指建立在团队的基础之上，发挥团队精神、互补互助，以达到团队最高工作效率的能力。团队协作精神认为团队大于个人，团队的力量远远大于个人的力量。团队不仅强调个人的工作成果，更强调团队的整体业绩。团队所依赖的不仅是集体讨论和决策，同时也强调成员的共同贡献。

团队协作的本质是共同奉献。团队需要有切实可行、具有挑战意义且让成员能够为之信服的目标。只有这样才能激发团队的工作动力和奉献精神，不分彼此，共同奉献。团队成员只有不断地分享自己的长处、优点，不断吸取其他成员的长处、优点，遇到问题及时交流，才能让团队的力量发挥得淋漓尽致。

团队协作能使团队和个人的潜力发挥到最大值。当团队的每一个人都坦诚相待，都有一份奉献精神时，取长补短，个人的能力肯定会得到大大的提升，正所谓"三人行，必有我师焉"。如果大家把团队里面每一分子的优点都变为自己的优点，灵活运用，不仅团队的力量日益强大，自己的能力、潜力也慢慢得到升华。团队协作能激发出团队成员不可思议的潜力，让每个人都能发挥出最强的力量。良好的团队协作会产生一加一大于二的效果，即团队工作成果往往能超过成员个人业绩的总和。

4. 服务精神

团队内的服务精神其实就是一种大客户中心观念。因为团队中成员之间彼此协作，这时协作方都是彼此的客户，需要从对方的需求出发，最大限度地满足客户需求。所以服务精神的本质就是一种客户中心意识，随时反思自己的客户价值实现状态。只有团队内部有这种彼此的服务精神，才有可能使团队呈现出一种有效的客户服务风格。

作为团队成员需要主动从团队信任、大局意识、协作精神和服务精神等方面培养自己的团队精神，当出现破坏团队精神苗头时要及时调整自己的心态。要远离破坏团队精神的成员，如爱拨弄是非的人；对别人的事喜欢打听、传播的人；爱贬低别人，显示自己高明的人；趾高气扬，打压他人，不可一世的人；喜欢拉帮结派，制造矛盾或煽动事端的人；幸灾乐祸以别人的失败为自己成功的人。

二、团队精神的作用

（一）目标导向

团队精神能够使团队成员齐心协力，拧成一股绳，朝着一个目标努力。对团队的个人来说，团队要达到的目标就是自己必须努力的方向，从而使团队的整体目标分解成各个小目标，在每个队员身上都得到落实。

（二）凝心聚力

任何组织群体都需要一种凝聚力，传统的管理方法是通过组织系统自上而下的行政指令，淡化了个人感情和社会心理等方面的需求，团队精神则通过对群体意识的培养，通过队员在长期的实践中形成的习惯、信仰、动机、兴趣、爱好等文化心理，来沟通人们的思想，引导人们产生共同的使命感、归属感和认同感，逐渐强化团队精神，产生一种强大的凝聚力。

刘备就是一个善用精神力量凝聚人心的典型，在不具备天时、地利的条件下，以人和为核心竞争力，以义聚得关羽、张飞、赵云等名将，以诚感人，三顾茅庐，请出诸葛亮辅佐，并以兴复汉室天下为共同目标，发挥团体的力量，终于三分天下得其一。

（三）促进激励

团队精神要靠每一个队员自觉地向团队中最优秀的员工看齐，通过队员之间正常的竞争达到督促和提醒的目的。这种激励不是单纯停留在物质的基础上，而是要能得到团队的认可，获得团队中其他队员的认可。

（四）约束规范

在团队里，不仅队员的个体行为需要控制，群体行为也需要协调。团队精神所产生的控制功能，是通过团队内部所形成的一种观念的力量、氛围影响，约束、规范、监管团队的个体行为。这种控制不是自上而下的硬性强制力量，而是由硬性控制转向软性内化控制；由控制个人行为，转向控制个人的意识：由控制个人的短期行为，转向对其价值观和长期目标的控制。因此，这种控制更为持久且更有意义，而且容易深入人心。

三、培养团队精神的重要性

（一）团队精神是进入团队的重要考核标准

几乎所有的大公司在招聘新人时，都非常留意人才的团队合作精神，他们认为一个人能否和别人相处与协作，要比他个人的能力重要得多。

（二）团队精神直接关系到个人的工作业绩和团队的业绩

没有团队精神的人，即便工作干得再好，也无济于事。在这个讲究合作的年代，真正优秀的员工不仅要有超人的能力、骄人的业绩，更要具备团队精神，为团队全体业绩的提升做出贡献。个人的成功建立在团队成功的基础上，只要团队的绩效获得了提升，个人才会得到嘉奖。

（三）团队精神决定个人能否自我超越、达到完美

认清团队精神，完成自我超越。个人不可能完美，但团队却可以。在知识经济时代，竞争已不再是单独的个体之间的竞争，而是团队与团队的竞争、组织与组织的竞争，任何困难的克服和波折的平复，都不能仅凭一个人的英勇和力量，而必须依托整个团队。对个人来讲，你做得再好，团队跨了，你也是失败者。21世纪最成功的生存法则就是抱团打天下，必须有团队精神。所以作为团队的一员，只有把个人融入整个团队之中，凭借整个团队的力量，才能把个人不能完成的棘手问题处理好。明智且能获得成功的捷径就是充分利用团队的力量。

（四）团队精神能推动团队运作和发展

在团队精神的作用下，团队成员产生了互相关心、互相帮助的交互行为，显示出关心团队的主人翁责任感，并努力自觉地维护团队的集体荣誉，自觉地以团队的整体荣誉感来约束自己的行为，从而使团队精神成为团队自由而全面发展的动力。

（五）团队精神能培养成员之间的亲和力

具有团队精神的团队，能够使每个团队成员都显示出高涨的士气，有利于激发成员工作的主动性。有了集体意识、共同的价值观、高涨的士气、团结友爱的氛围，团队成员才会自愿地将自己的聪明才智贡献给团队，与其他成员积极主动沟通，同时也使自己得到更

全面的发展。

（六）团队精神有利于提高组织整体效能

通过发扬团队精神，加强建设团队精神，能减少内耗。如果总是把时间花在怎样界定责任、应该找谁处理问题上，让客户、员工团团转，就会减少企业成员的亲和力，损伤企业的凝聚力。

四、培养提升团队精神的途径

（一）培养勇于奉献的精神

具备团队精神，首先就要检视自身的思想境界，只有无私的、乐于奉献的、勇于担当的人才可能具备这种优点。最能表现团队精神真正内涵的莫过于登山运动。在登山的过程中，登山运动员之间都以绳索相连，假如其中一个人失足了，其他队员就会全力援救。否则，整个团队便无法继续前进。但当一切队员绞尽脑汁，试了一切的办法仍不能使失足的队员脱险的时候，只有割断绳索，让那个队员坠入深谷，只有这样，才能保住其他队员的性命。而此时，割断绳索的常常是那名失足的队员。这就是团队精神。

（二）培养大局意识

培养以实现团队目标为己任的主动性和大局意识。团队精神尊重每个成员的兴趣和成就，要求团队的每一个成员都以提高自身素质和实现团队目标为己任。团队精神的核心是合作协同，目的是最大限度地发挥团队的潜在能量。新一代的优秀员工必须树立以大局为重的全局观念，不斤斤计较个人利益和局部利益，将个人的追求融入团队的总体目标中去，从自发地服从到自觉地去执行，最终完成团队的全体效益。

（三）培养团队角色意识

与人合作的前提是找准本人的地位，扮演好本人的角色，这样才能保证团队工作的顺利进行。若站错位置，乱干工作，不但不会推进团队的工作进程，还会使整个团队陷入混乱。团队要想维持高绩效，员工能否扮演好本人的角色是关键和根本，有时甚至比专业知识更为重要。

（四）培养宽容与合作的品质

应该时常反思本人的缺点，如是否对人冷漠，或者言辞是否刻薄。团队工作需要成员之间不断地进行互动和交流，如果你固执己见，总与别人有分歧，你的努力就得不到其他成员的理解和支持。这时即便你的能力出类拔萃，也无法促使团队创造出更高的业绩。如果你认识到了这些缺点，不妨经过交流，坦诚地讲出来，承认缺点，让大家共同协助你改进。培养宽容与合作的品质，不必担心别人的嘲笑，你得到的将会是理解和协助。

（五）培养虚心请教的素质

向专业人士请教自己不懂的问题是一种非常宝贵的素质。它可以提升我们的能力，拓展我们的知识面，使我们的工作能力变得更强。更重要的是，请教别人还有利于我们获得良好的人际关系。

有时，我们并未自动请教，别人也会对我们的工作发表一些个人意见。千万不要反感这种意见，不管意见是对是错，我们都要真诚地向对方道谢，并客观地评价这些建议。这些建议通常都极其有价值，可以为我们提供一个崭新的工作思绪或为我们开辟出一段崭新的职业生涯。

（六）忌个人英雄主义

个人英雄主义是团队合作的大敌。如果你从不承认团队对本人有协助，即便接受过协助，也认为这是团队的义务，你必须抛弃这一愚笨的想法，否则只会使本人的事业受阻。

团队精神是一种精神力量，是一种信念，是一个团队不可或缺的精神灵魂。它反映团队成员的士气，是团队所有成员价值观与理想信念的基石，是凝聚团队力量、促进团队进步的内在力量。

第三节　如何融入团队

融入团队，我们会感到更为强大，更为自信，可以减轻"孤立无援"的不安全感，也多了一份对抗外来威胁的力量，进而得到安全感和归属感。每个人都有自己的优点，同时也有着自身的不足，虽说勤能补拙，但是要求每个人都做到这一点，却不是容易的事情。团队中往往人才济济，而且团队一般都会安排以老带新，优秀团队更是有新员工培训计划，对新员工在日常工作、经验传授等方面进行全方位的培训，新员工在各方面会获得指导、支持，也将会进步更快。

一、融入团队的意义

团队成就了个体。在这个世界上，任何一个人的力量都是渺小的。想成为卓越的人，仅凭自己的孤军奋战，单打独斗，是不可能成大气候的。个人必须融入团队，必须借助团队的力量。只有融入团队，与团队一起奋斗，充分发挥出个人的作用，才能实现个人价值的最大化，才能成就自己的卓越。

个体组成了团队。在一个团队里，如果每个人都能够充分发挥自己的优势，那么这个团队将是无比强大的。

二、掌握融入团队的途径

（一）主动了解团队文化

首先，就是文化认同。初入团队，最难适应的就是每个团队独特的团队文化。但要想在团队立足，你必须理解、认可、传播团队文化。只有你认可了团队的文化理念，快乐工作，自我价值的实现才会变成可能。

其次，决定加入哪个团队，除了考虑团队提供的薪水可以满足自己的要求，最重要的还是看团队的整体氛围好不好，项目有没有可持续发展的前景，团队的核心领导有没有较强的人格魅力，团队提供的岗位和你自身的优势资源能不能有效对接。用 4 个"跟"来概括：跟自己的感觉走，跟品牌的理想走，跟团队的文化走，跟核心领导的魅力走。适应和从内心接受了团队的文化，将会为自己开始的工作打下了一个良好的心态基础，为自己的坚持和不放弃找到了理由，这样你才可能做到先升值，再升职；先有为，后有位。

（二）主动了解团队目标

每个团队都有一个既定的目标来为团队成员导航，不同的人通过分工来共同完成团队的目标。作为团队的一名成员，要了解团队的目标，了解自己应该完成的小目标，跟大家合力实现这个共同的团队目标。

（三）主动了解团队成员

人是构成团队最核心的力量，2 个（包含 2 个）以上的人就可以构成团队。团队目标是通过人员具体实现的，所以了解团队成员非常重要。团队中不同的人有不同的分工，有人出主意，有人订计划，有人实施，有人协调不同的人一起去工作，还有人去监督团队工作的进展，评价团队最终的贡献。了解团队成员的能力、技能、经验等，有助于我们和优秀者合作。靠近优秀者，有助于帮助自己为团队做出努力，为实现团队目标贡献自己的聪明才智，同时也实现自己的职业理想。

（四）主动学习，勤于工作

加入团队，需要了解和学习太多的东西。制度流程、岗位职责、团队文化、产品知识、销售政策、网络渠道、工作方法、礼仪知识……太多的东西需要我们在最短的时间内了解和熟知。学习的途径和方法除了团队正常的培训，更多的应该是用心去自学领悟和掌握，当然向老员工和前辈请教也是一个捷径。互联网也是学习的好老师，掌握和熟练运用互联网是员工必须具备的一项技能，这不仅对现在的工作有用，对未来的人生也至关重要。

（五）主动沟通

沟通无疑是我们进入团队必须做的事。进入一个陌生的环境，失落和焦躁情绪是任何人都无法抵挡的。应善于沟通，熟悉工作岗位，让自己进入工作状态，尽快建立人际关系网。如果我们一味地将自己封闭起来，拒绝和同事沟通交流，你将会被拒之于这个团队之外，沦为孤家寡人。

（六）主动完成岗位工作

要想快速融入团队，主动积极的工作态度很重要，要主动参加团队活动、主动完成岗位工作。先不要问自己会做什么，而是要问自己现在能做什么。我们工作生活在一个开放性的环境当中，创造性的工作是非常重要的工作方法，主动无疑是推进剂，凡事如果都要领导来安排，那么，我们已经失去了工作的意义。

（七）建立个人的人际网络

哈佛大学商学院曾经做过一个调查，结果发现：在事业有成的人士中，26%的人靠工作能力，5%的人靠家庭背景，而人际关系好的人占了69%。建立个人的人际网络，才能更好地融入团队，为团队奉献。要想成为出类拔萃的顶尖人才，不仅要提升个人的才能，更重要的是拓展个人的人际关系，提升个人的人际竞争力，只有这样，才会取得自己和团队事业的成功。

丰富的人际资源可以使工作更加得心应手。一个人在人际关系上的优势，就是人际竞争力。哈佛大学为了了解人际能力在一个人取得成就的过程中起着怎样的作用，曾针对贝尔实验室研究员做过一个调查。他们发现，被大家认同的专业人才，其专业能力往往不是重点，关键在于人才会采取不同的人际策略，这些人会多花工夫与那些在关键时刻可能对本人有协助的人培养良好的关系，在面临问题危机时便容易化险为夷。他们还发现，当一名表现平平的实验员遇到棘手的问题时，会去请教专家，却往往因没有回应而白白浪费工夫；而顶尖人才则很少碰到这种情况，由于他们在平时就建立了丰富的资源网，一旦前往请教，便立刻能得到答案。

第七章　创业与人生发展

"不管是什么专业，都有同学在创业。"这是高校创业导师和有创业意向的同学们对创新创业的认识。此外，各类创新创业大赛的蓬勃发展也从另一个侧面展现了大学生创业的火热。共青团中央等单位每两年组织举办一次"挑战杯"中国大学生创业计划竞赛。2018年，第八届"挑战杯"共收到逾 2200 所高校的逾百万名大学生、15 万余件作品报名参赛。教育部举办的"互联网+"大学生创新创业大赛辐射面广，影响力大，指导性强。2019 年，第五届中国"互联网+"大学生创新创业大赛邀请 100 个国家和地区的大学生团队参赛。截至 6 月 10 日，大赛参赛项目数已达 77.2 万个，参赛人数达 331.9 万人。由此可见，各个高校为大学生创新创业提供的支持和助力也十分重要，其中最突出的是高校对创业教育的重视。

投入创业大潮的大学生们对自己的选择大多也有着很清晰的思考。《2020 年中国大学生创业报告》显示：通过大样本的数据调查发现，相较于往年数据，中国大学生的创业意愿持续攀升，2020 年在校大学生表现出创业意愿的比重为历年新高。大学生的创业意愿除受到个体家庭因素的影响外，政府和社会对创业的支持、高校的创业理论教育和实践活动均对在校大学生的创业意愿、创业动机及创业企业绩效有显著的积极影响。而大学生自主创业者的品质特征较个人统计特征对创业绩效的影响更为显著，创新性、先动性与风险承担性的品质特征对创业者的创业绩效呈正向影响。

调查发现，我国大学生有较好的社会创业特质，如同情心、亲社会动机等个性特征明显；在校大学生对社会创业持积极心态，高达 49.86% 的在校大学生有较强烈的社会创业意愿。尽管我国社会创业大学生所创办的社会企业规模小，但可持续性强，估值高，存在较高的人力资本溢价。在高校社会创业教育方面，大学生对高校社会创业课程、社会创业实践活动的满意度较高；高校的社会创业教育对大学生的社会创业意愿及社会企业绩效有较为显著的积极影响。

如今，在这个"互联网+"时代，有太多成功的创业案例激励着年轻一代大学生，理想、自由、兴趣都凸显出新一代大学毕业生强烈的自我意识。在创业旅程上，除了大学生自身努力外，学校亦要担负起学生创业征途上的引路人角色，如何引导学生做好创业规划，使创业教育与创业实践有机融合。只要拥有一颗想创业的心，机会永远都会有；选择在商海中遨游的大学生，一定可以大显身手、得尽风流。

伴随着知识经济的迅猛发展，人类经济正迈向知识经济时代。知识经济已经成为当今世界最有发展前景的经济形式。它不同于以往传统的有形产品的制造和技术工艺的传播，这种无形的知识信息交易正在快速发展。作为一种新型的富有生命力的经济形态，只有掌握创新创业能力，才能提高竞争力，实现国家经济的持续健康发展。

提高大学生创新创业能力与个人发展关系密切。高校通过分析目前大学生创新创业教育的现状，提出提高大学生创新创业能力的对策；把大学生创业教育纳入高校课程体系，使之全程化、全员化；科学地将大学生创新创业教育与职业生涯规划教育有机结合；对引导大学生人生目标的理性规划和提升大学生创业核心竞争力具有积极的现实意义。

第一节　经济转型与创业热潮

我国经济转型在从部分领域转型进入经济社会全面转型的进程中，先后形成了四次创业热潮，充分激发了市场经济的活力。经济转型不仅是创业热潮兴起的深层次原因，更是与创业热潮相互推进、共同发展的。在这一进程中，创业活动被赋予了重要的意义。

一、经济转型

（一）经济转型的概念

经济转型是指一个国家或地区的经济结构和经济制度在一定时期内发生的根本变化。经济转型是经济体制的更新，是经济增长方式的转变，是经济结构的提升，是支柱产业的替换，是国民经济体制和经济结构发生的一个由量变到质变的过程。

经济转型不是我国特有的现象，任何一个国家在实现现代化的过程中都会面临经济转型的问题。即使是市场经济体制完善、经济非常发达的西方国家，其经济体制和经济结构也并非尽善尽美，也存在着现存经济制度向更合理、更完善的经济制度转型的过程，也存在着从某种经济结构向另一种经济结构过渡的过程。

（二）经济转型的分类

经济转型有多种分类方法，常见的划分标准有转型的状态和转型的速度。

1. 按转型的状态划分为体制转型和结构转型

体制转型是指从高度集中的计划再分配经济体制向市场经济体制转型。体制转型的目的是在一段时间内完成制度创新。

结构转型是指从农业的、乡村的、封闭的传统社会向工业的、城镇的、开放的现代社会转型。结构转型的目的是实现经济增长方式的转变，从而在转型过程中改变一个国家和地区在世界和区域经济体系中的地位。

2. 按转型的速度划分为激进式转型和渐进式转型

激进式转型是指实施激进而全面的改革计划，在尽可能短的时间内进行尽可能多的改革。大多数学者把俄罗斯和东欧"休克疗法"的经济改革称为激进式转型。激进式转型注重的是改革目标。

渐进式转型是指通过部分的和分阶段的改革，在尽可能不引起社会震荡的前提下循序渐进地实现改革目标。大多数学者把中国"摸着石头过河"的经济改革称为渐进式转型。渐进式转型注重的是改革过程。

（三）经济转型的特点

1. 阶段性和长期性的统一

在谈到经济转型时，我们往往把某个时期经济在体制和结构方面的变化称为经济转型。因此，在制订转型计划时往往会以时间多长、发生什么样的变化来衡量是否完成经济转型，其实这只是阶段性的经济转型。从长期经济发展实践来看，经济本身时时刻刻都在追逐质和量的提高，这种质和量的缓慢变化本身就是经济转型。习惯上，我们把某个时期经济发生的较大变化称为经济转型，即阶段性经济转型。

2. 激进型和渐进性的交叉

经济转型往往表现为时而激进，时而渐进；在某些领域激进，在其他领域渐进。经济体制的变化必然带来经济结构的调整，而经济结构的调整也需要经济体制的创新，体现了经济转型的激进性和渐进性的交叉。

3. 政府行为和企业行为的互动

在经济转型中，政府和企业是推进经济转型的两种不同的力量。企业是推进经济转型的基本动力，而实现经济转型又离不开政府作用的发挥。两者一个是内因，一个是变化的条件。只有两种力量结合，双方互动，才能更加有效地实现经济转型。

4. 区域性和国际化的结合

经济转型通常是区域性经济发展措施，而区域性经济发展又不得不考虑国际经济发展潮流。在全球经济一体化的时代，经济转型必须紧跟当前科技发展步伐，把握世界经济发展动向。

（四）中国式经济转型

目前，中国进入了经济转型的新阶段，经济体制的创新和社会秩序的确立成为中国经济转型的主要难题。在市场经济体制下，社会主义市场经济体制已经基本确立。市场化利益主体和市场化行为日趋成熟，市场体制自身的局限和弊端，比如市场失灵、市场缺失、市场抑制以及市场化主体行为的不理性都开始出现。因此，加速制度变迁和制度创新步伐，利用明确而又稳定的制度安排促进利益主体资源配置和效率的发挥，利用政府宏观调控的力量消除新体制导致的经济不稳定性都成为下一阶段改革的重要内容。

在农村经济上，农业增长和农民增收、农村剩余劳动力转移、农村生产生活环境改善成为 21 世纪突出的中国问题。"三农问题"的根本就是在市场经济竞争中弱势产业和落后经济难以实现突破性的发展，尤其面对国际、国内市场的竞争挑战，会越来越处于不利的发展局面。市场经济以放为主的转型实践证明，中国未来的农业前途还在于通过工业反哺农业，走组织化的现代生产道路。在国有企业和所有制结构的调整方面，中国正在面临核心竞争力、自主创新能力和公有制主体地位的艰难抉择。这个阶段的难题也成为转型深化期中国经济转型模式研究的主题。

二、创业热潮的兴起

（一）创业热潮的概念

创业热潮是指在一定的时期内，由于政策调整或社会需求等条件发生变化为某一地区提供了大量的创业机会，使得某一特定群体大规模从事创业活动的现象。

（二）中国创业热潮的发展

我国改革开放以来经历了四次创业热潮，具体内容如下。

1．第一次创业热潮

第一次创业热潮发生于 1978 至 1984 年。党的十一届三中全会确定了改革开放的经济发展战略。为了缓解就业压力，解决温饱问题，1979 年 2 月，第一个有关发展个体经济的报告，允许"各地可根据市场需要，在取得有关业务主管部门同意后，批准一些有正式户口的闲散劳动力从事修理、服务和手工业者个体劳动"。"个体户"因此应运而生。

1980 年，温州章华妹成为第一个拿到个体工商户营业执照的人，她以卖纽扣为生。安徽人年广久靠卖瓜子致富，雇工从 12 人到 105 人，震惊全国，人们怀疑"年广久是资本家复辟"，从而引发"个体户雇多少人才是剥削"的辩论。

这次创业热潮有以下特征：创业人员多为农村人口和城镇无业人员，经营方式为个体工商户，经营行业一般都是传统行业，如饭馆、商店、加工厂、长途贩运等。当时，城市绝大多数的人还受计划经济的影响，认为"铁饭碗"是终身保障，有安全感，只有找不到工作的人才干个体户，个体户有钱也被人看不起；商品经济不发达，物资缺乏，钱也好赚，一些人率先成为"暴发户"，很快积累了财富。

2．第二次创业热潮

第二次创业热潮发生于 1985 至 1992 年。1984 年 10 月，党的十二届三中全会提出了"有计划的商品经济"的改革模式，改革的重点由农村转向城市，创业人员增加，一大批有文凭、有稳定工作的人走上自主创业之路。

本次创业热潮的特征如下：形成"全民经商"之势，在大学校园出现了"练摊"的学生；创业者所从事的主要是服务业和科技产业等。

3．第三次创业热潮

第三次创业热潮发生于 1992 至 2002 年。这十年里，以邓小平南方谈话为发展契机，我国经济进入了一个新的阶段。1999 年，第九届人大第一次会议通过的《中华人民共和国个人独资企业法》，降低了企业经营者做"老板"的门槛，"1 元钱"办企业成了媒体头版头条。此外，经济体制的改变，让人们解决了生存问题；而科技的发展，却改变了人们的生活方式。

本次创业热潮的特征如下：政府机关、事业单位人员自主创业的人数猛增，下岗人员中以创业实现再就业的人员有所增加，所创办企业规模较大，创业者所从业的范围涉及金融、房地产、教育等。从这个时期开始，新创的企业不再仅仅集中在劳动密集型、粗放式的产业，一大批高新技术新企业诞生并迅速在行业内取得优势地位，成为我国技术创新的重要力量，同时也加快了科学技术从实验到应用的转化。在高科技企业兴起的同时，原有的作为创业代表的温州企业提出了"二次创业"的概念，在全国企业界迅速得到响应。

4. 第四次创业热潮

第四次创业热潮发生于 2002 年至今。2002 年，党的十六大提出，进一步健全现代市场经济体系，全面建设惠及十几亿人口的更高水平的小康社会。

本次创业热潮的特征如下：高科技领域成为创业热点，大批"海归"创业成为非常引人注目的一个特色，大学生创业逐渐地被社会所接受。十多年来，我国的高等教育迅速发展，大学生的人数也急剧增加，其就业面临严峻的挑战，大学生创业对于提升就业率和维护社会稳定有非常重要的意义。

三、经济转型与创业热潮的关系

（一）创业热潮的推动

21 世纪以来，随着时代的发展，在国家各项政策的推动下，一波强劲的创业春潮也迅速奔涌。越来越多的年轻人开始前往北京、深圳、上海等大城市，实现自己的奇思妙想，各类创业孵化模式开始兴起，"创客空间""创业咖啡""创新工场"等遍地开花，成千上万的创业投资机构活跃在各个领域，为创业者提供办公场所，还提供相关的创业服务。

几年前，人们听到更多的还是"国企热""公务员热"，如今"创业热"扑面而来。这一转变的背后，代表着我国商事制度改革的全面推进。自 2013 年实施商事制度改革以来，我国营商环境得到进一步优化，为新兴中小企业的发展提供了良好的机遇和发展空间，民间创业热情高涨，企业活力逐步释放，市场主体快速增长。2018 年 1 月至 11 月，全国新设市场主体 1939.8 万户，同比增长 11.6%，其中新设企业 604.2 万户，同比增长 10.1%，日均新设企业 1.81 万户。

中国经济转型升级造就了创业大环境。改革开放四十多年来，中国经济取得了巨大成就，国民经济结构发生重要变化。市场化经济改革的成果不断积累，中国民营经济蓬勃发展，国有经济的转型需求日趋强烈。进一步激活民间资本和民营经济，提升国有企业的经营效率，带动全要素生产率的全面提升，已经成为中国经济可持续发展的核心命题。

政策面的托举为创业注入源源动力。2014 年 9 月 25 日，全国企业信用信息公示系统（河南）上线运行，企业年度报告公示制正式实施。2018 年 9 月 18 日，国务院发布《关于推动创新创业高质量发展打造"双创"升级版的意见》，对深入实施创新驱动发展战略、进一步激发市场活力和社会创造力、推动创新创业高质量发展以及打造"双创"升级版提出了各项意见。为鼓励创业，国家还出台了很多新政，支持发展"众创空间"等，大力激发创业创新的动力。

推动科技创新，吸引企业创业。近年来，科技创新成为我国实力最关键的体现。将科技与创新创业相结合，就能激活国家经济的新产业，同时创业的组织方式也在发生变化，企业的工作方式不再拘泥于固定的办公地点，这使得创业已经成为大众生活的一部分。此外，科技创新能力体现出国家的创新能力，只有不断提升自主创新能力，我国的经济建设和社会发展才能迈上新台阶。

（二）经济转型与创业热潮的关系

知识经济时代已经到来，中国经济正加速向知识经济时代转型，传统的创业思想、企业经营模式、经济结构从某种程度来说已经发生了较大改变。创业创新思想在经济发展中的地位和作用更加突出，逐渐成为经济发展的主要动力。

1. 经济转型是创业热潮兴起的内在驱动力

中国经济体制转型的过程为创业热潮提供了大量的创业机会。第一，近年来的经济国际化改革，使中国经济在加速工业化、城市化和市场化的同时，也提供了大量的创业机会，更加积极主动融合，尤其表现在高新技术产业中。第二，当前国家经济转型正如火如荼地进行，市场各领域都开始涌现出各类中介机构，承担一部分原政府承担的社会职能和经济职能。中介机构创办者在政府监督下承担这些职能，有利于在市场中引入竞争机制，防止垄断，加快完善社会主义市场经济体制，完善公务服务体系，同时也在促进经济与社会发展、促进市场商品和生产要素流动等方面发挥重要作用。

2. 创新创业与经济发展转型相辅相成

在知识经济时代下，创业热潮的兴起使计算机、网络等通信手段更加发达，人们能更便捷、更广泛、更及时地实现资源共享。同时，大规模发展的创新创业活动也进一步推动了经济转型，促进了经济社会发展和市场环境优化。

3. 经济转型的过程与创业热潮还在持续

当前，我国的经济转型已进入全面转型阶段，发展模式、发展要素、经济结构等都在加速转变。全球经济一体化也在推动着我国工业化、城市化和市场化的步伐，同时大数据时代也代表计算机、互联网等通信设备的广泛应用。由此可见，经济转型的过程与创业热潮正相互推动，一直持续下去。

创新创业创造是推动经济转型升级的重要力量

在各级政府和全社会的共同努力下，我国创新创业创造生态环境日益优化，市场主体活力不断增强，创新创业成果大量涌现，创业带动就业活力不断显现，创新创业创造已经成为推动经济转型升级的重要力量和促进就业的重要支撑。

一是创新创业环境日益优化。随着"放管服"改革持续深化，"不见面审批""最多跑一次""一门式一网式"等一批便捷政务服务大量涌现，创新创业政策体系不断完善，营商环境不断优化。世界银行《2019年营商环境报告》显示，2018年我国营商环境总体评价跃居全球46位，比上年提升32位。

二是创业带动就业活力不断显现。创新创业支撑高质量就业的作用更加明显，创新创业活动既直接创造更多就业岗位，又通过带动关联产业发展增加就业岗位。2018年，全国新登记企业670万户，全年日均新设企业1.8万户，同比分别增长10.3%和8.43%，市场主体数量突破1亿大关，全国城镇新增就业1361万人。

三是创新创业科技含量更加凸显。创新创业更加突出科技导向，创业活动推动科技创新呈现百舸争流之势，培育壮大新动能的作用更加显现。2018年，全国高新技术产业和战略性新兴产业增加值同比增长11.7%和8.9%。

四是创新创业平台不断健全。各地将支持创新创业的重点更多转向打造创新资源共享平台，开放型的创新创业公共服务体系初步形成，120家"双创"示范基地逐渐成为区域创新高地，众创空间数量超过6900家，科技企业孵化器超过4800家，一批大企业发挥龙头带动作用，促进大中小企业融通发展。

五是以创业投资为代表的创业资本投入不断强化。创业投资活动在税收支持、规范监管的外部条件支撑下，进一步向实体经济、战略性新兴产业和早期阶段集聚。截至2018年底，创业投资机构管理资本量约为2.4万亿元，居世界第2位。截至2019年4月底，国家新兴产业创业投资引导基金已决策参股356只创业投资基金，累计支持4445家新兴产业领域的早中期、初创期创新型企业。

六是创新创业氛围日益丰厚。"双创"活动周、"创响中国"等活动成功举办，各类创新创业大赛遍布全国，在全社会营造了浓厚的创新氛围，掀起了创新创业创造热潮，有力涵养了创新创业文化，厚植了创新创业理念。

四、创业活动的功能与属性

从社会角度来看，创业可以增加社会财富，促进经济发展和社会繁荣；可以提供更多就业岗位，缓解社会就业压力；可以实现先进技术转化，促进科技创新和生产力提高等。从创业者的角度来看，一方面，创业可以让其发挥聪明才干，实现人生价值；另一方面，也可以实现个人对物质的追求，为自身带来财富，更能回报社会，贡献自己的一份力量。创业活动一般被认为是一种社会行为，它主要具有创新性、风险性、利益性和艰难性。

（一）创新性

创业者主要是将自己的创新理念投入实际过程中，其中涉及的几乎是新事物，面临的也将会是新难题。因此，在解决问题的过程中，需要创业者完全运用自己的智慧和能力，结合创新思维来妥善安排。

（二）风险性

任何一项创业活动都是有风险的，创业道路并不是一帆风顺的，它可能给创业者带来成功的喜悦，也可能给创业者带来失败的打击，而往往这种打击不仅是沮丧、失意，更可能是财产的损失等。因此，每一位创业者在创业初期都要深入考虑风险问题，如果不考虑到创业风险就毅然决然选择创业，那可能就不会成为一名成功的创业者。

（三）利益性

创业者往往是怀揣创业梦想开始自己的创业活动，也许是出于多种目的，但根本的动力还是获利。这不仅是创业者的共同心愿，还是人们判断创业活动是否成功的重要标准。

（四）艰难性

任何创业过程都是艰难的，每一位创业者在创业过程中都会碰到诸多困难，并需要一一克服。往往需要经过多年的艰苦奋斗，甚至倾注大量的心血，创业才能成功。

五、知识经济时代赋予创业的重要意义

（一）知识经济时代的概念

知识经济是指以知识为基础的经济，是与农业经济、工业经济相对应的一个概念，是

一种新型的富有生命力的经济形态。知识经济时代是指以知识运营为经济增长方式、以知识产业为龙头产业、以知识经济为新的经济形态的时代。

（二）知识经济时代赋予创业的重要意义

1. 创业是国家发展战略的需要

党的十八大以来，党中央、国务院高度重视创业创新工作，把创业摆在显著位置。统筹推进各类人才队伍建设，加快实施人才强国战略，确立人才引领发展的战略地位；关心青年，鼓励他们创业并提供更多创业机遇，对于提高自主创新能力、建设创新型国家具有重要的战略意义。

2. 创业是增加就业的必然要求

创业是就业的基础和前提，就业离不开创业，以创业带动就业。任何一个社会，创业者越多，生产要素组合就越丰富、活跃，就业也就越容易。

3. 创业是知识经济时代技术创新的主要表现形式

知识经济的兴起，使知识上升到社会经济发展的基础地位。知识成了最重要的资源，"智能资本"成了最重要的资本，在知识基础上形成的科技实力成了最重要的竞争力，知识已成了时代发展的主流，尤其是以高科技信息为主体的知识经济体系，其迅速发展令世人瞩目。

4. 创业是解决社会问题的有效途径之一

当前，我国进入全面建成十几亿人口的更高水平小康社会的关键时期，创业带来的技术创新和科技突破，是社会发展的主要动力。

六、大学生创业热潮的经济动因

由于经济体系的转型，整体的创业环境不断改善，社会转型也基本完成。在市场经济大潮的冲击下，"创业带动就业"政策的出台为社会带来了大量的创业机会，越来越多的大学生开始选择自主创业，大学生创业开始逐渐成为社会关注的焦点。

大学生能够成为创业人群的主力军，其原因在于大学生的突出优势。一是大学生有较高的文化水平和较丰富的专业理论知识，这为其创业提供了技术支持；二是大学生具有创新精神，对社会上的新鲜事物有足够的包容度，并且大学生敢于挑战传统观念；三是大学生对未来充满希望，他们也有足够的信心和毅力，敢于面对创业路上的挑战，不惧失败，敢于尝试。

大学生创业能够带来许多机会，但我国大学生创业的实际情况却并不乐观，存在着成功率低、维系时间短等问题。这些现象表明，在大学生创业的道路上除了有突出优势外，还存在着很多制约因素，其自身原因占主要部分。

（一）制约大学生创业的自身因素

第一，创业意识不足。尽管创业可以实现自身价值，但大多数学生容易在寻求稳定工作和选择创业之间徘徊不定，而往往稳定工作的吸引力更大。

第二，社会经验不足。很多大学生只有理论，缺乏实践，导致他们在创业时面对管理等难题时因缺乏经验而感动无力应对。

第三，对创业的理解过于片面。现在很多有创业想法的学生，对于自己的创业只有一个大概的框架，没有形成一个周密可行的计划。同时，很多大学生往往过于毛躁，急于求成，忽视了创业过程的艰难险阻，缺乏面对艰苦创业道路的毅力。

第四，创业者能力的欠缺。创业除了要求创业者有独特的创业理念外，还要有精准的风险分析能力，把握行情，深入了解市场。同时，还要具备一定的组织领导能力，懂得人际交往、灵活变通，在创业过程中能带领团队共同面对困难、解决困难。此外，在创业过程中难免会遇到难题，要求创业者有积极的心态和强大的心理承受能力。

（二）制约大学生创业的外部因素

除了自身因素外，外部环境因素是大学生创业环境内的一大难关。外部环境因素主要有以下几点。

第一，资金不足。大学生创业中，资金是十分重要的因素。没有足够的资金，会使很多想法无法实施，错失良机。

第二，家庭观念的影响。许多父母还是对子女抱有"找稳定工作"的观点，他们认为，拥有一份风险低、发展稳定的工作是最正确的选择，创业中的苦难与挫折不是自己子女可以承受的。

第三，创业政策不能落实。虽然国家制定了许多相关政策积极鼓励大学生创业，但当政策落实到地方时，往往有些地方政府、单位、高校对实施政策的态度并不积极，并没有采取有力措施，将政策落到实处。

当下经济发展迅速，涌现出更多的创业机会，大学生创业也是其实现自身价值、创造财富的一个重要方式。同时，越来越多的媒体开始关注大学生创业，各地政府相继出台了相应的优惠政策大力扶持大学生创业，更多的企业也开始关注大学生创业，并愿意为好的创业项目投入资金。但不可否认的是，创业风险也是客观存在的。面对越来越火爆的"大学生创业热"，我们在鼓励有想法的大学生主动创业的同时，更应该引导他们冷静思考。创业活动是一场持久战，不能急于求成。

创业道路并非一帆风顺，创业并不适合每个人，尤其是对刚刚走出校门的大学生以及正在求学的大学生。大学生在面临选择创业还是就业时，需要理性分析自身是否具备创业条件，切不可因心血来潮、一时兴起而丧失了其他机会。各大高校更需要冷静看待这种创业热潮，积极鼓励有条件、有准备的大学生创业，要帮助他们从自身角度分析自己适不适合创业，这远比大力宣传创业本身更重要。

想象力比知识更重要，因为知识是有限的，而想象力概括着世界上的一切，推动着社会进步，并且是知识进化的源泉。严格地说，想象力是科学研究的实在因素。

第二节　培养创新型人才

创新型人才是当今世界最重要的战略资源。大力培养创新型人才，已成为各国实现经济发展、科技进步和国际竞争力提升的重要战略举措。切实树立科学的人才观，树立人才是第一资源的理念，把创新型人才培养作为人才工作的重中之重。注重实际创新能力的培养，不唯学历；尊重人才的成长周期，不急于求成。倡导人人都可以创新成才，推动我国由人才大国向人才强国转变。

一、创新型人才的概念

创新是以新思维、新发明和新描述为特征的一种概念化过程。它的原意包含了三层意思：改变、更新和创造新的东西。创新型人才主要与创新活动联系在一起，创新包括三方面内容：创新主体、创新客体和创新成果。与此相对应的就是创新型人才必备的 3 个条件：创新型人才的素质、创新对象的范畴和创新成果的质与量。

创新型人才的素质是指创新型人才拥有的创新思维、创新能力、创新品质和相应的知识等，通过对这些的综合运用，对创新对象发生作用。创新对象的范畴既包括未知领域也包括已知领域，对未知领域的探索就是发明创造，而对已知领域的探索就是改革更新，最后产生创新成果。这些成果又可以作为已知领域的创新对象被进一步创新，不断推陈出新。如此反复，周而复始地形成创新的无限循环过程。总之，创新型人才是指综合运用自身的创新素质，不断为社会进步或科技发展作出突破性贡献的人。

二、创新型人才的特征

通常认为，创新型人才是指具有创造性精神和创造性能力，掌握创新方法，具备创造性人格，能顺利地完成创造性活动，并富有创造性成果的人才。从系统论的观点来看，创新人才是由彼此联系、不同素质构成的有机整体，并作为整体发挥作用。由创造性精神构成的意向驱动系统属于"想到要去创新"，由创造性能力构成的技术支撑系统属于"知道怎样去创新"，由创造性人格构成的意志维持系统则属于"能够坚持创新"。这一切都必须有科学的创新知识结构作为基础。由此可见，作为创新人才，其最优化的结构必须是知识、智能与个性的有机统一。因此，创新型人才的素质结构主要由创新知识结构、创造性精神、创造性能力和创造性人格四大要素构成。这四大要素在创造实践活动中均有独立的地位和功能，其作用和价值无法由其他因素替代。

综合国内学术界的一些观点，创新型人才具有以下基本特征：第一，思考问题具有高度的敏感性。创新型人才不仅能很快注意到某一情境中存在的问题，并设法寻求新的解决途径，也能在貌似平淡无奇的事物中发现一些奇特的不同寻常之处并展开思考。第二，思维具有灵活性。创新型人才可以轻易摆脱惯性，摆脱原有的思维定式，根据不同的信息修正自己对问题的认识，具有极强的适应性。第三，认识具有新颖性。创新型人才思想活跃，能够经常提出不同寻常且又可以被人们所接受、认可的观点。第四，人格特征鲜明。创新型人才具有较强的个性和独立性，有较强的成就动机，期待取得成功。

三、创新型人才的发展模式

人才培养是高校的核心使命，高校是培养人才的重要基地。但长期以来，如何培养高素质创新型人才是困扰我国高等教育发展的一个突出问题。我国已启动建设世界一流大学和一流学科工作，在这项重要任务面前，高校必须解答好"培养怎样的创新型人才"和"怎样培养创新型人才"这两个课题。

创新型人才有两个维度，一个是"人"，一个是"才"。长期以来，高校更多地注重"才"的培养，而不同程度忽略了对"人"的培养。高校培养的是创新"人"，不是也不应是创新"工具"。在"人"与"才"的培养上不能厚此薄彼，更不能本末倒置，而应做到内在统一，形神兼备。创新型人才之"形"，就是着眼于"才"的培养，培养学生的创新思维和创新能力，使其想创新、会创新、能创新；创新型人才之"神"，就是着眼于"人"的培养，培养学生的创新精神和创新人格，让创新成为思想自觉和行动自觉。前者是创新型人才的显性标志，是"体"；后者是创新型人才的潜性特质，是"魂"。高校要以培养形神兼备的创新型人才为目标，实现学生创新思维、创新能力、创新精神和创新人格的有机融合，实现"才"与"人"的紧密结合，实现"体"与"魂"的深度契合。

构建人才培养新模式，将创新型人才"育"出来。培养模式简单化是不少高校人才培养存在的突出问题。对于人才培养特别是创新型人才培养，应坚持培养目标多元化和培养过程多样化，坚持立德树人，因材施教，让学生学思结合、知行统一。在教学上，以学生为主体，给学生更多的选择权和自主权，促进学生个性发展；在办学上，以教师为本位，在教学基本要求和培养目标范围内，鼓励教师自主创新教学内容；在资源配置上，以学生为中心，强化制度保障和政策激励，确保最优质的教育资源进入一线教学。

营造人才培养新生态，将创新型人才"润"出来。创新型人才的培养，除了"硬件"，还离不开创新文化这个"软件"。经验表明，创新型人才不是管出来的，也不全是教出来的，而是在浓厚的创新文化中"润"出来的。高校应将创新作为自身文化追求和文化精神的重要内容，营造海纳百川、兼容并包的创新文化氛围，厚培创新型人才成长的沃土。具体来说，应以创新引领高校文化建设，潜移默化地影响学生的思维模式和行为方式，努力为学生营造全方位、多层次的创新生态。摒弃生产"定制品"的工业思维，树立培育"生长品"的生态思维；打破学生"接受—复制"的惯性思维，培养学生"创新—发展"的思维方法，让学生不迷信权威、不墨守成规，不断激发他们的创新潜能。培养学生创新的人格力量，让他们将创新意识、创新能力内化为创新精神、创新人格，实现创新的自由自觉。

四、培养创新型人才的重要性

（一）创新型人才培养模式存在的问题

改革开放以来，我国人才总量不断增多，高层次人才队伍不断壮大，人才结构不断改善，人才培养成效显著。但面对全球科技日新月异的发展和我国经济转型升级的新要求，我国的创新型人才培养模式还存在一些突出问题。一是人才培养体制不健全、导向不科学，存在重学历轻能力、重学术成果数量轻质量等现象；二是高端人才匮乏，缺乏掌握核心技术和自主知识产权的人才，在全球产业竞争和国家安全方面存在隐患；三是人才分布不均衡，西部地区的人才竞争力和人才使用效益较低；四是企业尚未成为技术创新人才培养的主体，企业内专业技术人员的比重较低，研发能力与发达国家企业相比还有很大差距。

培养创新型人才，直接关系创新型国家的建设。只有加强创新型人才的培养，才能实现我国发展从主要依靠物质资源投入向主要依靠科技进步和人力资本提升转变。在信息时代，互联网大大降低了知识获取与信息复制的成本，教师已不可能以书本知识的拥有者和学术的垄断者自居；学生不是"知识内存"，更不是"考试机器"，而是未来的创造者。这些新形势和新变化要求我们构建基于互联网的创新型人才培养平台，探索科学的创新型人才培养模式，使创新型人才培养平台成为培养创新型人才的摇篮和服务创新型人才的基地。

（二）创新型人才培养平台的创新

创新型人才培养平台不同于传统的大学与科研院所，应在教育理念、培养模式、管理体制等方面积极创新。

第一，创新型人才培养平台应以良好创新生态系统取代行政化教育体制。在互联网环境下，学习与实践的广度和深度突破了课堂、校园、地区甚至国家的界限。创新型人才培养平台应通过互联网技术手段和协同创新运作模式来吸引并整合全国乃至全球一流学术机构和企业、社会组织的力量，形成"读活书、活读书"的学习环境，实现"干中学、学中创"的创新生态。

第二，创新型人才培养平台应拓宽人才培养的视野。坚持"英雄不论出处""不拘一格降人才"，让社会大众都有平等接受高质量教育的机会，特别是享有创新创业教育的机会，而不能让经济能力的高低影响受教育的机会。

第三，创新型人才培养平台应以开放包容、自由探索、相互尊重的态度打破学科壁垒，建立开放的跨学科人才培养模式。通过这个平台，让各类人才跨越学科界限，促进基础研究与应用研究协同，营造交叉学科研究的良好氛围，培养交叉学科创新型人才。从某种意义上说，创新型人才培养平台就是互联网与实体教育融合后的"创新学堂"，它努力服务尽可能多的人，使人们能够在这一真正开放创新的平台上学习，有利于我国在创新型人才的培养上掌握主动权。创新型人才培养平台应与大学、科研院所密切合作，但必须保持相对独立性。

（三）构建创新型人才培养平台的注意事项

构建基于互联网的创新型人才培养平台是一项系统工程，不可能一蹴而就，当前尤其需要注意以下几方面。一是必须立足我国国情，坚持实事求是原则。人才培养需要符合国情，形成自己的特色模式，不能简单地模仿国外的教育模式。二是坚持以学生为本、道德为先、能力为重的教育理念。基于互联网的创新型人才培养平台，不能只注重能力培养而忽视人格培养，因为没有健全人格的人难以成为具有国际竞争力的优秀人才。创新型人才培养平台应努力培养知行合一、德才兼备的创新人才。三是弘扬艰苦奋斗、久久为功的精神。构建基于互联网的创新型人才培养平台，需要摒弃那些限制和阻碍创新型人才培养的僵化模式、陈旧思维和不良风气，这必然是一个久久为功的过程。

切实树立科学的人才观，树立人才是第一资源的理念，把创新型人才培养作为人才工作的重中之重；各方协同培养创新型人才，充分调动学校、企业、社会的积极性，各展所长，形成合力；进一步优化人才资源配置，抓住经济发展方式转变和产业结构调整机遇，优化整合存量人才资源，建立健全激励机制，激发各类人才创新的活力和动力；不断优化创新型人才的成长环境，为创新型人才成长提供宽松的社会环境，推动我国由人才大国向人才强国转变。

第三节　创新创业与职业规划

党的十八届三中全会通过的《中共中央关于全面深化改革若干重大问题的决定》指出，要"建立创新人才培养机制""健全促进就业创业体制机制，实行激励高校毕业生自主创业政策"。这凸显了创新创业型人才培养的重要性和紧迫性，必须把培养造就创新创业型人才作为建设创新型国家的战略举措。当前，许多高校积极开展全面系统的创新创业教育，并融入职业生涯规划教育中，以提高大学生的核心竞争力。

一、创新创业教育概述

创新能力是指运用知识和理论完成创新过程、产生创新成果的综合能力。创新能力主要包括创新意识、创新思维、创新技能和创新人格。创业能力是指在各种创新活动中，凭借个性品质的支持，利用已有的知识和经验，新颖独特地解决问题，提出有价值的新设想、新方法、新方案和新成果的本领。创新型人才应具有扎实深厚的专业知识、敏锐的观察力、较强的学习能力、动手实践能力、科学研究能力、开拓创新能力、组织领导能力、管理协作能力、沟通与交往能力、环境适应能力和献身精神等。

（一）创新创业教育的概念

创新教育的提出，要求教育者以欣赏的眼光看待学生，使每个学生的潜能都能得到发挥。每一个学生都是一片有待开发或进一步开垦的土地，教育者应视之为教育的资源和财富，加以挖掘和利用，通过创新教育，把学生存在着的多种潜能变成现实。在实践中，教育者应坚信，所有学生的创造潜能同样深厚，在"创新"面前，没有后进生与尖子生的差别，关键在于你怎样去开采挖掘。教育者应善待每一位学生，努力开发每一位学生的创造潜能。

创新创业教育是我国建设创新型国家一系列战略举措的重要组成部分。对于高校来说，应把创新创业教育作为创新办学体制机制、全面推进综合改革的重大课题，作为全面提高人才培养质量、建设一流大学的重大机遇，作为服务国家发展战略的自觉行动，全面加以推进。大学生创新创业教育的重点在于积极培养学生的创新意识和创新能力。

创业教育是指在现代教育思想指导下，立足于经济和教育的渗透结合，通过优化教育、资源组合，把教育学、经济学、社会学、人才学、创造学、心理学等有关学科的内容和方法有机结合起来，通过学校、企业等多种渠道，帮助青少年树立创业意识、激发创业精神、掌握创业知识和提高创业能力，使创业教育成为具有开创性个性的未来新兴企业、产业和职业岗位创造者的教育。

广义的创业教育是指培养开创性个性的教育，是一种素质教育。狭义的创业教育是与培训、增收、解决自我生存的能力联系在一起的。在高等教育领域，创业教育不仅包括创业知识和技能教育，还包括相关的品质和素养教育，就是在大学生素质教育的基础上，更加注重创业素质培养。创业教育的宗旨是提高大学生的创业精神和创业能力，增强大学生自我创业的意识，促使其形成创业的初步能力和掌握创业的基本技能。

（二）创业意识的培养

1. 创新意识的培养

创新意识是创业意识的核心内容，是指个体从事创新活动的主观意愿和态度。创业教育要激发大学生强烈的创业意愿，并把创业意愿转变为创业行为；要启迪大学生的创新思维，根据市场需求，运用所学知识开发出新产品和新技术。

2. 竞争意识的培养

竞争是企业生存和发展的必要手段，竞争也是创业者立足社会、走向市场不可缺少的精神，因此要注重培养大学生的积极、良性的竞争意识。

3. 风险意识的培养

创业与风险并存，因此创业教育的风险意识教育就是指导大学生建立风险意识，培养大学生做好风险评估，对市场的发展趋势和未来行为有一个预判，对可能出现和遇到的风险有充分的认识和准备。

4. 商业意识的培养

商业意识对于创业者捕捉商业机遇具有至关重要的作用。大学生的商业意识可以通过对商品经济活动的耳濡目染来培养，也可以通过学习商业知识来培养，更主要的是要在经营实践中不断提高。只有随时了解市场动态以及把握市场的运行规律和方式，才能逐渐提高商业意识。

（三）大学生创新创业能力的培养途径

1. 建立健全创新创业教育工作机制

推进创新创业教育是一项系统工程，需要充分调动各方面资源。高校应结合自身实际情况，成立创新创业教育工作领导小组，统筹协调高校创新创业教育资源，形成学校整体规划、职能部门协调配合、院系落实主体责任的创新创业教育工作格局。高校还可以与政府和创投机构开展合作，积极吸引和对接社会资源，不断探索产学研结合、高校与企业等多方协同开展创新创业教育工作机制。

2. 形成分层次、有针对性的教育体系

高校应将学科优势转化为创新创业教育优势，在专业教育教学中渗透创新创业教育的理念和内容，构建"面向全体、结合专业、梯次递进"的创新创业教育体系。针对低年级学生，可以开展创新创业通识教育，开设学科前沿、创业基础等通识类必修和选修课程，注重创新创业基本素质的培养；针对有创业兴趣的学生，可以开展创新创业启发式教育，注重创新创业实践实训，引导学生积极参与各类创新创业大赛，提高学生的实践能力；针对有强烈创业意愿并希望付诸实施的学生，可以开设创客班，注重创业实战能力、企业管

理能力、市场营销能力的培养，重点支持战略性新兴产业领域的创新创业。

3. 建设创新创业实践平台

高校应提供创新创业实践平台，为学生开展各类科技创新活动提供场地、设备、指导教师等方面的支持，支持学生参加国内外各类创新活动。高校还可以依托学科专业优势，集聚高校、政府、企业、社会等多方资源，根据创业团队在不同发展阶段的需要，建立创新创业服务孵化平台，让学生在项目推进的不同阶段入驻不同的孵化平台。此外，高校还应建立一支高素质的指导团队，聘请创业导师对学生创业实践进行指导，提高创业的成功率。

4. 营造有利于创新创业的氛围

推进创新创业教育，需要在高校营造有利于创新创业的浓厚氛围。一是强化创新引领。在高校树立创新为魂、创新引领创业的理念，引导学生开展创新基础上的创业，特别是鼓励学生将个人创新创业方向与国家重大战略需求对接。二是激发师生活力。高校要重视创新创业文化建设，激发学生创新创业热情，调动广大教师参与创新创业教育的积极性，形成创新创业的内生动力。三是注重典型示范。高校要注重凝练特色、打造品牌，与政府、企业和社会组织携手共建创新创业示范区，形成典型示范的辐射效应，带动更多师生进行创新创业。

二、创新创业与个人职业生涯发展

联合国教科文组织指出："创业教育，从广义上来说，是指培养具有开创性的个人，它对于拿薪水的人同样重要，因为用人机构或个人除了要求受雇者在事业上有所成就外，正在越来越重视受雇者的首创和冒险精神、创业和独立工作能力以及技术、社交、管理技能。"

时代对创业素质和能力的要求并不限于自主创业者，而是对未来劳动者的共同要求。因为即使就业，也会面临原有企业的内部创业，更有自己的职业转换。因此，当代大学生必须具有从业和创业的双重能力，具备多方位的职业转换能力和自主创业能力，才能适应未来的社会经济环境。这既是社会进步对人们的要求，也是人们自身发展的必然趋势。

创新创业教育能培养和提高大学生的创新创业能力，而大学生职业生涯规划教育可以有效帮助大学生进行职业定位，二者存在有机联系，并相互作用。大学生创新创业要依靠科学的规划，而职业生涯规划教育能帮助学生克服和规避创新创业中的艰难险阻，提高创新创业的成功率。事实证明，将创新创业教育与大学生职业生涯规划相结合，能够有效提高大学生的综合素质和核心竞争力，是促进就业、提高就业质量的重要途径。

（一）创新创业教育与职业生涯规划的关系与作用

1. 充分认识自我能力

创新是国家发展的动力，而大学生作为创新的核心力量，是国家进行技术创新的基础。教育的最根本目的就是实现学生的全面发展，促进学生综合素质的提升。学生在校期间进行职业生涯教育，对于促进其全面发展具有较为重要的意义，可以帮助学生树立正确的创业目标。学生可以识别自己的兴趣爱好，然后通过科学规划对自己的职业情况进行全方面定位，最终制订适合自己的可行性创业方法，对创业进行更科学的管理。

2. 为创新创业做好准备

职业生涯规划教育对大学生创新创业教育具有重要的意义，职业生涯规划有助于培养学生积极的创业活力和科学的创业规划。学生根据规划内容制订符合发展的目标，了解自身的专业发展前景。创新创业能力的提高要依赖于职业生涯规划，只有职业规划合理和职业定位准确，大学生才能突破从众心理，捕捉机遇，敢于创新，大胆创业。学生在教师的引导下积极应对各项职业发展的需要，不断完善适应经济发展的各项规划，培养思想政治素质、身心素质和专业的科学素质，进一步提升自身能力。

3. 提升创业的适应性

在职业生涯规划的过程中，教师将职业教学的方法全面展示给学生，结合学生在校期间的课程和个人能力，对步入社会后的就业创业进行全面规划；并引导学生展开适合自身的实践活动，根据就业规划来培养自身能力，不断提升创业方面的技巧和能力，制订适合自己发展的创业计划。

（二）融合创新创业教育与大学生职业生涯规划的途径

1. 更新就业观念，激发创业激情

我国整体就业形势依旧十分严峻，在学校教育过程中，首先需要解决的就是大学生的就业观念问题，要打破墨守成规的思维方式，激发学生的创业激情，培养其主动迎接挑战的能力。

2. 以赛促学，以赛促练

高校要结合不同学科和专业，鼓励学生参加各类学科竞赛和创业大赛，充分依托和利

用全国、省、校级大学生"挑战杯"创业计划大赛这一类平台，培养学生崇尚科学、追求真知、勤奋学习、迎接挑战的精神，让广大学生实现自我发展。不要为了争名次而忽视了参与竞赛的初衷，培养学生的创新创业意识和个人能力才是根本，培养出创新创业人才才是收获。

3. 建立实践平台，鼓励参与实践

教学实践基地是高校开展教学改革、进行科学研究、毕业生就业实习、服务社会等工作的一个多功能场所。在做好校内创新创业孵化基地的顶层设计、完善服务保障措施后，积极发展校外实践基地，是校内实训基地的延伸与补充，是大学生创新创业能力提升的有效平台。

学校要不断拓展大学生暑期社会实践的内涵和外延，并根据专业建设需要，制定和明确大学生在校期间要完成的创新创业实践学分；充分利用好假期，与企业联合开展创新创业实践活动；实施校内导师与企业导师跟踪指导制，提高大学生创新创业实践能力。广大学生利用假期走进企业进行顶岗实习或实践，与企业"无缝隙"对接职业岗位，不仅能提升学生的动手实践能力和理论认知能力，还能更好地提升职业适应能力，完成由学生到职业人的角色转换，提高职业认同感。同时，企业也可以借此机会更加全面了解学生，实现双向选择。

从连锁加盟入手，选择简单易行的行业，如餐饮、网吧等不需要复杂技术以及特殊职业资格的行业，是目前大学生创业热门项目。大学生愿意尝试自主创业、解决就业问题是值得赞赏的。在大学阶段有这样的尝试，通过这种手段去接触社会、了解市场，懂得客户需求和资源配置等，是很好的学习途径，为自身的能力和知识做些积累，也为以后的择业、人生规划打下基础。但是，我们应该看到，从这些行业入手，并没有真正体现大学生的自身价值，一个大学生具备的技能和知识积累没有在这样一个行业中得到充分的发挥。如果安于现状，只求解决温饱问题，满足眼前的利益而不求发展，那么人生之路的高度将就此停止。我们希望看到大学生用自己的智慧和能力，真正能够从小商业入手，积累资金和社会资源，以求在今后得到更大的发展空间。

大学生创业服务市场是一个极有潜力的市场，其具备良好的社会资源条件，如政府资源、高校资源、企业资源等。在校期间，大学生为了实现自身的价值，希望能够尽早接触社会。此时，大学生创业服务市场可以为学生提供实践基地以及接触社会和了解市场的途径，满足学生的需求，并且为他们将来的人生规划奠定基础。同时，组建高校创业联盟，集合大学生群体的力量，可以获取更多的社会资源和支持，从而得到更大的发展空间。在多方推动下，大学生创业服务市场在优良的外部条件和优越的市场氛围下，必将蓬勃发展。

参 考 文 献

[1] 詹姆斯·博格. 身体语言：教你超强读心术[M]. 林伊玫，译. 重庆：重庆出版社，2010.

[2] 曹荣瑞. 大学生职业发展与就业指导[M]. 上海：上海锦绣文章出版社，2012.

[3] 卡斯滕. 拉思讷，卡斯腾·斐泽，维尔纳·G·法依克司. 创业者手册[M]. 胡蔚，译. 北京：中信出版社，2000.

[4] 柴旭东，戚业国. 基于隐性知识的大学创业教育研究[J]. 高等教育研究，2014（8）.

[5] 崔东红. 创业·创新·创富[M]. 北京：中国经济出版社，2006.

[6] 邓雪梅. 职业道德与法律[M]. 天津：天津大学出版社，2011.

[7] 拉里·法雷尔. 创业时代：唤醒个人、企业和国家的创业精神[M]. 李政，杨晓非，译. 北京：清华大学出版社，2006.

[8] 郭强. 职业道德与职业生涯[M]. 上海：上海人民出版社，2011.

[9] 焦金雷. 大学生就业与创业指导[M]. 西安：西安交通大学出版社，2018.

[10] 金晶. 职业素质养成丛书：职业核心能力养成训练[M]. 北京：高等教育出版社，2013.

[11] 金晓龙. 大学生创业能力的培养[J]. 商业经济，2010（11）.

[12] 劳动和社会保障部培训就业司，中国就业培训技术指导中心. 职业意识训练与指导[M]. 北京：中国劳动社会保障出版社，2004.

[13] 李肖鸣，朱建新，郑捷. 大学生创业基础[M]. 北京：清华大学出版社，2009.

[14] 通识教育规划教材编写组. 职业生涯规划与就业指导[M]. 北京：人民邮电出版社，2010.

[15] 盖里·西茂，等. 如何实现你的职业理想[M]. 刘川，周冠英，译. 西安：陕西师范大学出版社，2004.

[16] 司琼辉. 就业与创业指导[M]. 银川：宁夏人民出版社，2010.

[17] 宋振杰. 员工岗位成才六大关键能力[M]. 北京：中国工人出版社，2012.

[18] 孙陶然. 创业36条军规[M]. 北京：中信出版社，2012.

[19] 邰葆清. 大学生就业与创业指导[M]. 北京：高等教育出版社，2010.

[20] 王葵. 职业形象内涵的探讨——职业形象中的审美符号[D]. 西南大学，2011.

[21] 王根顺，王仲玥. 创新型人才智能特点及开发探讨[J]. 中国石油大学胜利学院学报，2008（4）.

[22] 向多佳. 职业礼仪[M]. 成都：四川大学出版社，2006.

[23] 学习型员工·素质工程教研中心. 素养比能力更重要[M]. 北京：企业管理出版社，2016.

[24] 闫路平，谢小明，唐伶倒. 大学生职业生涯发展规划与就业创业指导[M]. 西安：西安交通大学出版社，2014.

[25] 尹凤霞. 职业道德与职业素养[M]. 北京：机械工业出版社，2012.

[26] 张敏强. 大学生职业规划与就业指导[M]. 广州：广东高等教育出版社，2005.

[27] 张天启，张欢. 大学生职业素质教育[M]. 上海：上海文化出版社，2013.

[28] 张怡筠. 工作其实很简单[M]. 石家庄：河北教育出版社，2007.

[29] 张再生. 职业生涯开发与管理[M]. 天津：南开大学出版社，2003.

[30] 《职业生涯与就业指导丛书》编委会. 大学生职业生涯与就业指导[M]. 西安：世界图书出版西安有限公司，2012.

[31] 中华人民共和国教育部高等教育司，全国高职高专校长联席会. 职场必修：高等职业教育学生职业素质培养与训练[M]. 北京：高等教育出版社，2005.

[32] 朱建新，创业管理[M]. 北京：高等教育出版社，2015.

[33] 朱建新，韩芳. 创业基础教程[M]. 上海：上海教育出版社，2017.

[34] 边明伟. 职业规划与人生管理[M]. 北京：中国水利水电出版社，2015.

[35] 陈捷. 大学生职业发展与就业指导[M]. 北京：清华大学出版社，2012.

[36] 陈桃源，朱晓蓉. 职场沟通与交流能力训练教程[M]. 北京：高等教育出版社. 2011.

[37] 程刚. 现代大学生的素质培养与能力提升[M]. 北京：高等教育出版社，2013.

[38] 杜耿，王静. 大学生职业发展规划实务[M]. 杭州：浙江大学出版社，2010.

[39] 黄炜. 大学生职业发展教程[M]. 北京：科学出版社，2011.

[40] 李家华. 生涯规划与管理[M]. 上海：上海交通大学出版社，2013.

[41] 理清. 大学生职业化能力[M]. 北京：中国物资出版社，2006.

[42] 穆学君，英宝有. 高职学生职业素质培养[M]. 北京：高等教育出版社，2009.

[42] 宁佳英. 大学生职业生涯规划[M]. 广州：华南理工大学出版社，2009.

[44] 王官成，苟建明. 大学生职业素质教育[M]. 北京：高等教育出版社，2015.

[45] 王玉斌，王云涛，朱立峰. 大学生职业发展与就业指导[M]. 郑州：郑州大学出版社，2018.

[46] 王悦. 向职场出发：大学生职业素质培训启蒙[M]. 北京：航空工业出版社，2013.

[47] 张淑华，郑久华. 大学生职业生涯规划实务[M]. 北京：中国社会科学出版社，2012.

[48] 赵慧娟. 大学生职业生涯规划[M]. 北京：北京大学出版社，2014.

[49] 庄明科，谢伟. 大学生职业素养提升[M]. 北京：高等教育出版社，2016.

[50] 朱冽烈，孔瑞芬，胡军生，等. 大学生求职测评手册[M]. 北京：中国城市出版社，2002.

[51] 李肖鸣，朱建新. 大学生创业基础[M]. 北京：清华大学出版社，2013.

[52] 丁欢，汤程桑. 创新与创业教育指导[M]. 南京：南京大学出版社，2015.

[53] 冯丽霞，王若洪. 创新与创业能力培养[M]. 北京：清华大学出版社，2013.

[54] 龚荒. 创业管理：理论·实训·案例[M]. 北京：机械工业出版社，2013.

[55] 卡斯滕·拉思讷，卡斯滕·斐泽，维尔纳·G. 法依克司. 创业者手册[M]. 胡蔚，译. 北京：中信出版社，2000.

[56] 中国就业培训技术指导中心上海分中心，上海市职业培训指导中心，上海市开业指导中心. 创业培训辅导教程（初创篇）[M]. 北京：中国劳动社会保障出版社，2006.

[57] 菲利普·科特勒. 营销管理[M]. 梅汝和，梅清豪，周安柱，译. 北京：中国人民大学出版社，2001.

[58] 辽宁省普通高等学校创新创业教育指导委员会. 创业基础[M]. 北京：高等教育出版社，2014.

[59] 郑晓燕. 创业基础案例与实训[M]. 成都：西南财经大学出版社，2015.

[60] 王杜春. 大学生创业基础[M]. 北京：化学工业出版社，2013.

[61] 冯林. 创造性思维与创新方法[M]. 大连：大连理工大学出版社，2008.

[62] 吴寿仁. 创新知识基础[M]. 上海：上海社会科学出版社，2011.

[63] 胡飞雪. 创新思维训练与方法[M]. 北京：机械工业出版社，2009.

[64] 刘如江. 给你一个公司你能赚钱吗[M]. 长沙：湖南文艺出版社，2011.

[65] 凡禹. 创业前三年大全集[M]. 北京：新世界出版社，2011.

[66] 桂曙光. 创业之初你不可不知的融资知识：寻找风险投资全揭秘[M]. 北京：机械工业出版社，2010.

[67] 王霁. 管理学基础[M]. 北京：清华大学出版社，2015.

[68] 李善友. 颠覆式创新：移动互联网时代的生存法则[M]. 北京：机械工业出版社，2015.

[69] 埃里克·莱斯. 精益创业：新创企业的成长思维[M]. 吴彤，译. 北京：中信出版社，2012.

[70] 彼得·德鲁克. 管理的实践（珍藏版）[M]. 齐若兰，译. 北京：机械工业出版社，2009.

[71] 孙科柳，石强. 执行是门技术活[M]. 北京：机械工业出版社，2013.

[72] 史蒂芬·柯维. 第 3 选择：解决所有难题的关键思维[M]. 李莉，石继志，译. 北京：中信出版社，2013.

[73] 彼得·蒂尔，布莱克·马斯特斯. 从 0 到 1：开启商业与未来的秘密[M]. 高玉芳，译. 北京：中信出版社，2015.